JN047423

学ぶ人は、変えてゆく人だ。

目の前にある問題はもちろん、

人生の問いや、

社会の課題を自ら見つけ、

挑み続けるために、人は学ぶ。

「学び」で、

少しずつ世界は変えてゆける。

いつでも、どこでも、誰でも、

学ぶことができる世の中へ。

旺文社

受験生の
50%以上が解ける

落とせない
入試問題 英語

三訂版

旺文社

CONTENTS

✿✿✿ スタッフ

編集協力／有限会社編集室ビーライン
校正／本多美佐保，株式会社N2，大磯巖，株式会社友人社
本文・カバーデザイン／伊藤幸恵
本文イラスト／佐藤修一，コバタキミコ
巻頭イラスト／栗生ゑゐこ

本書の効果的な使い方

本書は，各都道府県の教育委員会が発表している公立高校入試の設問別正答率（一部得点率）データをもとに，受験生の50%以上が正解した問題を集めた画期的な一冊。落とせない基本的な問題ばかりだからしっかりとマスターしておこう。

 STEP 1 出題傾向を知る

まずは，最近の入試出題傾向を分析した記事を読んで「正答率50%以上の落とせない問題」とはどんな問題か，またその対策をチェックしよう。

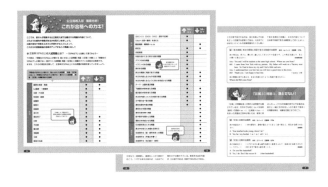

STEP 2 例題で要点を確認する

出題傾向をもとに，例題と入試に必要な重要事項や，答えを導くための実践的なアドバイスを掲載。得点につながるポイントをおさえよう。

正答率が表示されています（一部オリジナル予想問題を除きます／都道府県によっては抽出データを含みます）。

入試によく出る項目の要点を解説しています。

STEP 3 問題を解いて鍛える

「実力チェック問題」には入試によく出る，正答率が50%以上の問題を厳選。不安なところがあれば，別冊の解説や要点まとめを見直して，しっかりマスターしよう。

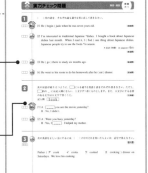

設問ごとにチェックボックスがついています。

80% 多くの受験生が解けた，正答率80%以上の問題には，「絶対落とすな!!」のマークがついています。

本書がマスターできたら…

正答率50%以下の問題でさらに得点アップをねらおう！

『受験生の50%以下しか解けない 差がつく入試問題 ● 英語 [三訂版]』
本冊 96 頁・別冊 24 頁　定価 990 円（本体 900 円＋税 10%）

公立高校入試　徹底分析！

これが合格へのカギ！

ここでは，皆さんが受験する公立高校入試で出題される問題の内容について，
どのような傾向や特徴があるかを見ていきましょう。
出題の傾向や特徴をふまえた学習をすることによって，
これからの受験勉強の効率がアップすること間違いなし!!

● 正答率50%以上の入試問題とは？　〜「50%以下」と比較して見てみよう〜

下の表は，「受験生の50%以上が解ける　落とせない入試問題　英語　三訂版（本書）」と「受験生の
50%以下しか解けない　差がつく入試問題　英語　三訂版」に掲載されている項目の比較表です。
まずは，これらの項目を比較して，正答率が50%以上になる問題の特徴を探っていきましょう。

「受験生の50%以上が解ける　落とせない入試問題 ● 英語　三訂版（本書）」と「受験生の50%以下しか解けない　差がつく入試問題 ● 英語　三訂版」の掲載項目の比較表

		↑ 50%以上	↓ 50%以下
文法	重要な単語・熟語	●	●
	be動詞・一般動詞	●	●
	名詞・代名詞	●	
	形容詞・副詞	●	
	前置詞	●	
	疑問文	●	
	助動詞	●	
	進行形	●	
	現在完了	●	●
	比較	●	●
	不定詞	●	●
	動名詞	●	●
	受動態	●	●
	分詞	●	●
	関係代名詞	●	●

「比較」や「現在完了」，品詞に関係する問題の対策は万全にしておこう！

4

分類	項目	↑ 50%以上	↓ 50%以下
文法	文のつくり（SVOO・SVOC・原形不定詞）	●	
	〈that＋主語＋動詞〉を含む文	●	
	間接疑問・疑問詞＋to *do*		●
	仮定法	●	●
	会話表現	●	
長文読解	対話の流れに合う英文を選ぶ問題	●	
	グラフのある問題	●	
	イラストのある問題	●	
	表のある問題	●	
	英文の質問に英語で答える問題	●	●
	本文の内容と合うものを選ぶ問題	●	●
	本文の内容に合うように英文を完成させる問題	●	●
	テーマ・主題を選ぶ問題	●	
	下線部の内容を答える問題	●	●
	指示語の内容を答える問題	●	●
	本文の内容について日本語で答える問題	●	●
	文や語の並べ替え問題	●	●
	適切な語句を選ぶ問題	●	●
	適切な文を選ぶ問題		●
	適切な語を書く問題		●
	絵や数字を読みとる問題		●
	要約文を完成させる問題		●
英作文	日本語を英文にする問題		●
	長文中の空らんを埋める英作文		●
	自由英作文（絵・資料を使った問題）		●
	自由英作文（手紙文を書く）		●
	自由英作文（自己紹介・説明）		●

長文読解ではいろいろなパターンで出題されているぞ！

英作文の力もしっかりつけておこう！

どの分野からも出題されている。 ニガテな分野は必ず克服しておこう！

　高校入試での出題分野は「読解」「英作文」「文法」「話し方・聞き方」に大きく分けられる。右のグラフを見ると，これらのどの分野からも出題されていることがわかる。なかでも「読解」の出題が一番多く，53%となっている。しかし，これは入試を突破するには「読解」の対策だけをすればよい，ということではない。「読解」問題を解くには，英文を読む力の基礎となる語いや文法の知識がなくてはならないし，英作文の力を試される設問も含まれていることが多いからである。つまり，ニガテな分野を作らず，どの分野もしっかり学習しておくことが大切なのである。また，「話し方・聞き方」（ほとんどがリスニング）は全都道府県で出題されるので，しっかり対策しよう。

〈分野別　出題数の割合〉

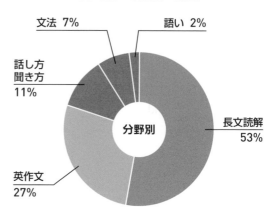

文法 7%
語い 2%
話し方
聞き方
11%
分野別
長文読解
53%
英作文
27%

※データは，2022年に実施された全国の公立入試問題について，旺文社が独自に調べたものです。

各分野でどのような問題が出ているか， 傾向とその対策を押さえておこう！

「単語・熟語」●「語い」問題は，単独での出題の割合は少ないが，日本語を英語にする問題や，単語の定義や意味を類推させる問題が中心に出題されている。中学校で習った単語や熟語で定着していないものは，入試までにしっかり覚えるとともに，問題を解いていて出会った新しい単語も確実に覚えて，語い力を伸ばしていこう。

「文法」●　正しい文法知識が身についているかを「適切な語句を選ぶ問題」や「語形を変化させる問題」，「語を並べ替える問題」といった設問形式で試される。中学校で習った文法の単元をもう一度復習し，基礎をしっかり固めておこう。ニガテな単元があれば，入試までに必ず克服しておくこと。

「英作文」●　日本語を英文にする問題や自由英作文，長文中の空らんを埋める英作文など，いろいろな形式で出題されている。英作文の力の基礎となる語いや文法の知識を充実させ，日ごろから日本語を英文にしたり，身近なテーマについて英語で自分の意見を書く練習をしておこう。

「長文読解」●　対話文，物語文，エッセイなどいろいろなジャンルから，英文の質問に答える問題，内容と合う（合わない）ものを選ぶ問題，下線部の内容を答える問題などさまざまな設問形式で出題されている。解答形式は記号選択，日本語での記述，英語での記述などがある。

この分野で試されるのは，長文を読んで内容を正しく把握する読解力である。入試までにはば広いジャンルの読解問題をたくさん解いて長文を読む力を養い，本文の内容について日本語や英語で答える練習をしておくとよい。

↘ 「長文読解」英文の質問に英語で答える問題の出題例　本文：64ページ　正答率：59%

次の英文は，洋子と，隣に引っ越しをしてきたビルの会話です。この英文を読んで，あとの問いに答えなさい。　　　　　　　　　　　　　　　　　　　　　　　　　〈宮城県改題〉

Yoko:　You and I will be students at the same high school. Where are you from?

Bill:　I came from New York with my parents. My father will work at a *factory near here. So I had to leave my city and I feel a little sad now.

Yoko:　I understand how you feel, but you will have a good time in this town.

Bill:　Thank you. I am happy to hear that.　　　　　　　　　　　* factory（工場）

次の質問に対する答えを，本文の内容に合うように英語で書きなさい。

Where did Bill come from?

「比較」の問題は，落とせない！

「比較」の問題は多くの県の入試問題で出題されているが，その中でも特に〈as＋形容詞〔副詞〕の原級＋as 〜〉，〈比較級＋than 〜〉を扱った問題は正答率が高いため，確実に得点したい。これらの知識があやふやな場合は，例文と一緒に文の形をしっかり覚えて数多くの問題を解き，知識を定着させておこう。

↘ 「文法」比較の出題例　本文：26ページ　正答率：93%

次の対話文の（　　）内の語句を，意味が通るように正しく並べ替えて，英文を完成させなさい。　　　　　　　　　　　　　　　　　　　　　　　　　　　　　　　　〈宮崎県〉

A：Your teacher looks young, doesn't he?

B：Yes, he (my brother / as / as / old / is).

- -

↘ 「文法」比較の出題例　本文：27ページ　正答率：82%

次の対話文の（　　）に当てはまる最も適当な語を1語書き入れて，対話文を完成させなさい。ただし，（　　）内の文字で始まる語を書くこと。　　　　　　　　　　　〈愛媛県〉

A：Do you like basketball?

B：Yes, I do. But I like soccer (b　　　　　) than basketball.

be動詞・一般動詞

例題

次の英文を最も適切な表現にするには，（　　）内のどれを用いたらよいか，記号で答えなさい。

〈栃木県〉

正答率

I（ **ア** study　**イ** studies　**ウ** studied　**エ** will study ）math last weekend.

絶対落とすな!!

84%

解き方・考え方

「私はこの前の週末に数学を（　　）」の空らんに入る語句を選ぶ。last weekend「この前の週末に」が過去を表すので，study「〜を勉強する」の過去形 studied「勉強した」を選ぶ。アは現在形。**イ**は主語が3人称単数で現在を表すときに用いる。**エ**は未来を表す文で用いる。与えられた文の中で，時を表す語句を探し出すことがポイントだ。

解答 **ウ**

入試必出! ●要点まとめ

be動詞 <u>Mary and I</u> <u>are</u> good friends. 「メアリーと私は親友です」

主語が複数───┘　└ be動詞は are

● **be動詞は，主語によって使い分ける。過去形も覚えておこう。**

主語	現在形	過去形
I（1人称単数）	am	was
he, she, it など（3人称単数）	is	was
you, we, they など（2人称単数，1・2・3人称複数）	are	were

● **疑問文・否定文の語順に注意！**

She <u>is</u> a student.→疑問文：be動詞を主語の前に置く。⇒<u>Is</u> she a student?「彼女は学生ですか」

否定文：be動詞のあとに not を置く。⇒She <u>isn't</u>〔is not〕a student.
「彼女は学生ではありません」

一般動詞 We <u>went</u> to the library <u>yesterday</u>. 「私たちは昨日図書館へ行きました」

go の過去形────┘　　　　　　　　└ 過去を表す

● **主語が3人称単数のときと，不規則動詞の過去形がねらわれる！**

・現在形→主語が3人称単数のとき，語尾に (e)s がつく。（例 cook→cooks，例外 have→has）
・過去形→規則動詞→(e)d がつく。（例 play→played，study→studied）
　　　　　不規則動詞→語によって形が違う。（例 take→took，make→made）

● **疑問文・否定文の語順に注意！**

They played soccer.→疑問文：Do〔Does, Did〕を前に置く。⇒<u>Did</u> they <u>play</u> soccer?
「彼らはサッカーをしました」　　　　　　　　　　　　　「彼らはサッカーをしましたか」

否定文：do〔does, did〕+ not を動詞の前に置く。
⇒They <u>didn't</u>〔did not〕<u>play</u> soccer. 「彼らはサッカーをしませんでした」

1 （　）内の語を，それぞれ最も適当な形に直して書きなさい。

85% 〔1〕 He (begin) judo when he was seven years old.　　　　　〈宮崎県〉

69% 〔2〕 I'm interested in traditional Japanese *dishes. I bought a book about Japanese dishes last month. When I read it, I (find) one thing about Japanese dishes. Japanese people try to use the foods *in season.

* dish（料理） in season（旬の）

〈新潟県〉

65% 〔3〕 He (go) there to study six months ago.　　　　　　　〈新潟県〉

60% 〔4〕 He went to his room to do his homework after he (eat) dinner.　〈宮城県〉

2 次の対話が成り立つように，□に入る適当な英語1語をそれぞれ書きなさい。ただし，□内の ＿ には記入例にならい，1文字ずつ書くものとします。また，大文字にする必要のある文字は大文字で書くこと。　〈北海道〉

記入例 | b o o k |

80% 〔1〕 A : | ＿ ＿ ＿ | you see the movie yesterday?
　　　 B : No, I didn't.

67% 〔2〕 A : Were you busy yesterday?
　　　 B : Yes, I | ＿ ＿ ＿ |. I helped my mother.

3 **62%** 次の英語を正しい文にするには，（　）の中のどれを用いたらよいか，記号で答えなさい。

〈栃木県〉

Father (ア cook　　イ cooks　　ウ cooked　　エ cooking) dinner on Saturdays. We love his cooking.

名詞・代名詞

例題

次の（　　）にあてはまるものを，**ア～エ**から1つ選んで記号を書きなさい。

〈秋田県〉

正答率

↓

絶対落とすな!!

93%

"Whose bag is this, Mary?" "Oh, it's (　　)."

ア she　イ her　ウ I　エ mine

解き方・考え方

「これはだれのかばんですか，メアリー」という疑問文への答えの文を完成させる。「ああ，それは私のものです」という意味になるように，**エ**の mine を選ぶ。mine は1語で「私のもの」という意味を表し，ここでは my bag ということ。

アの she や**ウ**の I は文の主語になる形であり，また**イ**の her は「彼女の」という意味や「彼女を〔に〕」という意味を表すので，ここでは合わない。

解答 **エ**

入試必出! ● **要点まとめ**

代名詞 If you don't have a pen, you can use mine.

「私のもの」（＝my pen）

「もしあなたがペンを持っていないのなら，私のものを使ってもいいですよ」

● **人称代名詞は，確実に書けるようにしておこう。**

～は（主格）	～の（所有格）	～を〔に〕（目的格）	～のもの	～は（主格）	～の（所有格）	～を〔に〕（目的格）	～のもの
I	my	me	mine	we	our	us	ours
you	your	you	yours	they	their	them	theirs
he	his	him	his				
she	her	her	hers				

名詞 In summer, we go to the sea every Sunday.

「夏」　　　　　　　　　　　　　　　　　　　「日曜日」

「夏には，私たちは毎週日曜日に海へ行きます」

● **「季節」「月」「曜日」の名前は頻出!**

・季節：spring「春」，summer「夏」，fall / autumn「秋」，winter「冬」
・月：January「1月」，February「2月」，March「3月」，April「4月」，May「5月」，June「6月」，July「7月」，August「8月」，September「9月」，October「10月」，November「11月」，December「12月」
・曜日：Monday「月曜日」，Tuesday「火曜日」，Wednesday「水曜日」，Thursday「木曜日」，Friday「金曜日」，Saturday「土曜日」，Sunday「日曜日」

1 次の英語を正しい文にするには，（　　）の中のどれを用いたらよいか，記号で答えなさい。

絶対落とすな!!
80%
〔1〕〔*At a shop*〕
　　A : This coat is really good. But it's too small.
　　　　Do you have a bigger (ア　one　　イ　that　　ウ　it　　エ　any)?
　　B : Yes. How about this?　　　　　　　　　　　　　　　　　　〈福島県〉

68%
〔2〕Then, please tell him to come to Niigata and stay with (ア　we　　イ　our
　　ウ　ours　　エ　us).　　　　　　　　　　　　　　　　　　　　　〈新潟県〉

67%
〔3〕Last week we enjoyed talking about (ア　we　　イ　our　　ウ　us　　エ　ours)
　　families and schools.　　　　　　　　　　　　　　　　　　　　　〈山梨県〉

2 67%　次の対話が成り立つように，□□□に入る適当な英語1語を書きなさい。ただし，□□□内の
□ には記入例にならい，1文字ずつ書くものとします。また，大文字にする必要のある文
字は大文字で書くこと。　　　　　　　　　　　　　　　　　　　　　〈北海道〉

記入例　| b | o | o | k |

A : Who is that man?
B : | _ | _ | is a teacher at my school.

3 次の会話の（　①　），（　②　）に入れるのに最も適切な英語を，1語ずつ書きなさい。
　　　　　　　　　　　　　　　　　　　　　　　　　　　　　　　　〈岐阜県〉

①
66%
Teacher : There are two months beginning with 'M', March and May. What are the
　　　　　　months beginning with 'A'?
②
63%
Student : They are (　①　) and (　②　).
Teacher : Good. Which do you like better, (　①　) or (　②　)?
Student : I like (　②　) better. In Japan we have many summer festivals in this
　　　　　　month.

形容詞・副詞

次の文の（　　）の中に入れるのに最も適するものをア～エの中から1つ選び，その記号を書きなさい。　　　　　　　　　　　　　　　〈神奈川県〉

正答率

59%

I have a (　　) friends in Australia.

ア　every　　イ　some　　ウ　much　　エ　few

解き方・考え方

a (　　) が friends を修飾する。〈a few＋名詞の複数形〉で「少数の～」という意味を表すので，エの few を選ぶ。「私にはオーストラリアに数人の友人がいます」という文になる。アの every は単数形の名詞を修飾して「すべての～」

という意味になる。イの some は名詞の複数形を修飾するが，前に a を置いて使わない。ウの much は，数えられない名詞を修飾して「（量が）多い」の意味を表す。複数形の名詞を修飾しない。

解答　エ

 入試必出！ 要点まとめ

形容詞　I took many pictures during my trip.
　　　　　　　　 「たくさんの」名詞の複数形　　　　　　　「私は旅行中にたくさんの写真を撮りました」

● **few と little，many と much の使い分けを確実に！**
・few「数がほとんどない」a few「数が少しある」→数えられる名詞に用いる（名詞は複数形にする）。
　little「量がほとんどない」a little「量が少しある」→数えられない名詞に用いる。
・many「数が多い」→数えられる名詞に用いる（名詞は複数形にする）。
　much「量が多い」→数えられない名詞に用いる。
　※a lot of ～「たくさんの～」→数えられる名詞にも数えられない名詞にも使える。

● **「～番目の」を表す語（序数）を覚えよう。**
　first「1番目の」，second「2番目の」，third「3番目の」，fourth「4番目の」，fifth「5番目の」，
　sixth「6番目の」，seventh「7番目の」，eighth「8番目の」，ninth「9番目の」，tenth「10番目の」

副詞　"I like dogs." "I like dogs, too."「私は犬が好きです」「私も犬が好きです」
　　　　 肯定文　　　　　　　　　「～もまた」

● **～, too. と ～, either. の違いに注意しよう。**
　"I don't like cats." "I don't like cats, either."「私は猫が好きではありません」
　　 否定文　　　　　　　　　　「～もまた」「私も猫が好きではありません」

● **位置に注意が必要な副詞**
・頻度を表す副詞：be動詞のあと，一般動詞の前。
　I often go to the library with my friends.「私はよく友達といっしょに図書館へ行きます」
・場所と時を表す副詞：「場所→時」の順。
　We went there last Sunday.「私たちはこの前の日曜日にそこへ行きました」

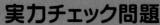

実力チェック問題

解答・解説　別冊 P. 1

1 次の英文を最も適切な表現にするには，（　　）内のどれを用いたらよいか，記号で答えなさい。

82% [1] I went to Australia with my family. I was very (ア glad　イ boring　ウ crowded　エ popular) because it was my first trip to a foreign country.

〈福島県〉

76% [2] 〔*In the classroom*〕
A : Did you catch many fish in the river yesterday?
B : No, I only caught (ア a few　イ much　ウ too many　エ a lot of) fish.

〈福島県〉

70% [3] These days, Japanese *box lunches are becoming popular around the world. People in foreign countries can see pictures of Japanese box lunches on the Internet. Many people like them because they are very (ア hungry　イ cold　ウ strong　エ beautiful). Some people even buy Japanese *lunchboxes on the Internet.

* box lunch (弁当)　lunchbox (弁当箱)

〈千葉県〉

58% [4] Today many people use *passwords when they use computers. If other people know your passwords, they can get your information, or buy something with your money. So, you should not make your passwords too (ア simple　イ long　ウ hard　エ difficult). They need to be difficult for other people to guess.

* password (パスワード)

〈千葉県〉

2 80% 次の英文の[　　]に入る最も適当な英語1語を語群から選んで書きなさい。　〈北海道〉

It will be [　　　　] this afternoon, so take your umbrella with you.

語群 | cloudy　hot　rainy　cold |

3 58% （　　）内の語を最も適当な形に書き換えなさい。ただし，1語で書き換えること。　〈千葉県〉

A : Can you tell me the (five) month of the year in English?
B : Of course, Mr. Nakamura. It's May.

前置詞

例題

次はAとBの対話です。(　　)に入る最も適当なものを，**ア～エ**の中から1つ選びなさい。　　　　　　　　　　　　　　　〈福島県〉

正答率

↓

71%

〔*At a station*〕
A : I don't know which girl is Kaori.
B : She is that little girl (　　) long hair.

ア on　　**イ** with　　**ウ** for　　**エ** in

解き方・考え方

　選択肢はどれも前置詞で，空らんからあとが that little girl を修飾する形になる。「長い髪をしたあの小さい少女」の意味になるように，「～を持った」という意味を持つ with を選ぶ。ほか

の選択肢ではこの意味にならない。主な前置詞の意味を覚えておこう。

解答 **イ**

入試必出! **要点まとめ**

I get up at six in the morning .「私は朝6時に起きます」
　　　　　　 at＋時刻　　in＋朝〔午前〕

● **前置詞の使い分けに注意!**
・at＋時刻，in＋月・季節・年，on＋曜日・日付
at ten o'clock「10時に」／in September「9月に」，in summer「夏に」，in 2022「2022年に」／
on Tuesday「火曜日に」，on Mondays「毎週月曜日に」，on July 7「7月7日に」

・from は「～から」と始まりの時点を表し，since は「～以来，～から（ずっと）」を表す。
She works from early in the morning till late at night.「彼女は朝早くから夜遅くまで働きます」
He has been sick since last Friday.「彼はこの前の金曜日からずっと病気です」

● **出題されやすい前置詞を押さえよう。**
・with「～を持った，～といっしょに」　Take an umbrella with you.「かさを持って行きなさい」
・like「～のように」　She sings like a bird.「彼女は鳥のように歌います」
・by「～（の時点）までには，～によって，～のそばに」
The man stood by the window.「その男の人は窓のそばに立ちました」

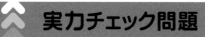

1 81% 次の英文を最も適切な表現にするには，（　　）内のどれを用いたらよいか，記号で答えなさい。 〈栃木県〉

We don't have classes (ア　at　　イ　for　　ウ　in　　エ　on) Sundays.

2 80% 次の英文が，日本語と同じ意味になるように，（　）内の語を並べかえて書きなさい。 〈北海道〉

John's (is / father / in) the garden now.
ジョンのお父さんは，今，庭にいます。

3 （　　）に入る最も適切な語を，それぞれ次の**ア〜エ**から1つ選び，記号で答えなさい。 〈宮城県〉

79% 〔1〕 I came from New York (　　) my parents.
　　　　ア　with　　イ　to　　ウ　from　　エ　at

76% 〔2〕 Thank you (　　) coming.
　　　　ア　with　　イ　by　　ウ　for　　エ　at

4 次の（　　）に入る最も適切な語を，下の**ア〜オ**からそれぞれ1つずつ選び，記号で答えなさい。 〈宮城県〉

79% 〔1〕 So I saw some *pictograms used in Germany (　　) TV.
　　　　　　　　　　　　　　　　　* pictograms（ピクトグラム〈絵表示〉）

59% 〔2〕 I often see them when I walk (　　) the town.

　　　ア　on　　イ　during　　ウ　of　　エ　around　　オ　with

5 63% 次は，右にあるイラストの様子についての対話です。対話が成り立つように，▢に入る適当な英語1語を書きなさい。ただし，▢内の _ には記入例にならい，1文字ずつ書くものとします。 〈北海道〉

記入例　| n a me |

A : Where is the girl?
B : She is sitting | _ _ _ _ _ | the tree.

重要な単語・熟語

次の英文は，中学生の亮（りょう）が海外で自己紹介したときのスピーチ原稿の一部です。下の ☐☐☐ の中の日本語を参考にして，英文中の下線**ア，イ**の（　　）の中に入れるのにそれぞれ最も適する1語を書きなさい。ただし，答えはどちらも（　　）内に指示された文字で書き始めなさい。　〈神奈川県改題〉

　　My name is Ryo.　I was **ア**(b　　　) in Yokohama.　I came here last **イ**(f　　　).　My favorite sport is soccer.

私の名前は亮です。横浜で生まれました。昨年の秋にこちらに来ました。好きなスポーツはサッカーです。

解き方・考え方

ア「～で生まれました」の部分を was (b　　　) in ～ で表す。「生まれる」は be born で表すので，**ア**には born を入れる。

イ「昨年の秋に」の部分を last (f　　　) で表す。

「秋」は fall または autumn で表せるが，ここでは f が与えられているので，fall を入れる。

解答　**ア**　(b)orn　　**イ**　(f)all

入試必出！・要点まとめ

~~I played baseball after school.~~「私は放課後に野球をしました」
play「（競技など）をする」の過去形　　　「放課後」

● **基本的な単語や表現は，確実に書けるようにしておこう。**
① 日常的な動作を表す動詞→have「持つ」，make「作る」，take「（手に）取る，持って行く」，do「する，行う」など
② よく使われる表現→after school「放課後」，by bus「バスで」，in the morning「午前中」，for example「例えば」，a little「少し」など
③ よく見聞きする物の名前→classroom「教室」，computer「コンピュータ」，country「国」など

● **頻出の重要表現を覚えておこう。**
・動詞を中心としたもの
　look for ～「～を探す」，go out「外出する」，be〔come〕from ～「～の出身である」，
　take care of ～「～の世話をする」，make friends with ～「～と友達になる」，
　have a good time「楽しい時を過ごす」，
　It takes（＋人）＋時間＋to ～.「（人が）～するのに（時間）がかかる」
・形容詞を中心としたもの
　be interested in ～「～に興味がある」，be proud of ～「～を誇りに思う」，
　be surprised at ～「～に驚く」
・その他の頻出表現
　in front of ～「～の前に」，a lot of ～「たくさんの～」，each other「お互い」
　on one's way to ～「～へ行く途中で」，for the first time「初めて」

1

次の英文は，グリーン先生が授業で話した内容です。下のメモは，その内容を日本語でまとめたものです。メモの内容と合うように，次の英文中の〔　　〕からそれぞれ最も適している1語を選び，書きなさい。　〈大阪府〉

絶対落とすな!!
84%

絶対落とすな!!
83%

絶対落とすな!!
93%

絶対落とすな!!
92%

絶対落とすな!!
94%

　　I ①〔has, have, having〕 a sister. Her name is Emily. She likes to take pictures. Last ②〔day, month, year〕, I asked her to send me some pictures of Australia. Soon she sent me many ③〔difficult, old, wonderful〕 pictures. I made a wall newspaper with them. You can see it in the ④〔classroom, ground, library〕 in front of the teachers' room. I hope you'll come and see it ⑤〔after, before, until〕 school.

メモ
・先月，グリーン先生は妹のエミリー (Emily) に写真を送ってくれるように頼んだ。
・エミリーはオーストラリアのすばらしい写真を送ってきた。
・職員室の前の教室で壁新聞を見ることができる。
・グリーン先生は放課後，壁新聞を見に来てほしいと思っている。

2　87%

□に「例えば」という意味の英語2語を書きなさい。　〈大阪府改題〉

□□□□□, you can see monkeys, birds, fish and other animals.

3　69%

英文の内容が日本語の内容に合うように，（　　）に当てはまる最も適当な英語を1語書きなさい。　〈愛媛県改題〉

(　　) day Akira said to Kenji,
「ある日，明 (Akira) は健治 (Kenji) に言いました」

4　65%

「私は毎日野菜の世話をしなければなりません。」という内容になるように，（　　）に英語3語を書き入れ，英文を完成させなさい。　〈大阪府改題〉

I have to (　　　　　) the vegetables every day.

5　53%

英文の内容が日本語の内容に合うように，（　　）に当てはまる最も適当な英語を1語書きなさい。　〈愛媛県改題〉

We are very (　　) in Japanese culture now.
「私たちは，今，日本の文化にとても興味があります。」

疑問文

次の対話文の（　）に入る適当な英語2語を書きなさい。　　　　　〈滋賀県〉

Yoko ： (　　) was your father when he met Bobby for the first time?
Takao ： He was nineteen.

解き方・考え方

　　ヨウコ（Yoko）の質問に，タカオ（Takao）が「彼は19歳でした」と年齢を答えていることがヒント。「何歳」と尋ねる疑問文になるように，How old を入れる。
ヨウコ：「あなたのお父さんは，初めてボビーに会ったとき何歳でしたか」　タカオ：「彼は19歳でした」というやりとりになる。疑問詞を入れる問題では，答えの文が何を答えているかが手がかりになる。

解答　How old

入試必出！ **要点まとめ**

疑問文　<u>How many apples</u> are there in the box?
　　　　「いくつの〜」
　　　　（数を尋ねる）　　　　　　　　　　「箱の中にはいくつリンゴが入っていますか」

● 疑問詞（**Who，What，When** など）を使う疑問文の語順を確認しよう。
・be動詞→〈疑問詞＋be動詞＋主語〜?〉　Who is he?「彼はだれですか」
・一般動詞→〈疑問詞＋do〔does, did〕＋主語＋動詞の原形〜?〉
　When did you get up?「あなたはいつ起きましたか」

● 疑問詞の使い分けを覚えよう。how を用いたものは要注意！
・who「だれ」，whose「だれの（もの）」，which「どちら（の）」，what「何（の）」
・when「いつ」，where「どこで〔に〕」，why「なぜ」，how「どのように」
・what time「何時に」，how many「いくつ」，how much「いくら」，how old「何歳」

間接疑問　**I don't know <u>who he is</u>.**「私は<u>彼がだれか</u>知りません」
　　　　　　　　　　　〈疑問詞＋主語＋動詞〉

● 間接疑問の語順〈疑問詞＋主語＋動詞〉が問われる！
　Do you know? ＋ When will he come home?「あなたは知っていますか」＋「彼はいつ帰宅しますか」

　→Do you know when he will come home?「あなたは彼がいつ帰宅するか知っていますか」
　※もとの疑問文の疑問詞が主語のときは，間接疑問になっても語順は変わらない。
　I don't know. ＋ Who wrote this letter?「私は知りません」＋「だれがこの手紙を書きましたか」

　→I don't know who wrote this letter.「だれがこの手紙を書いたのか，私は知りません」

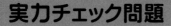

1 次の英文を最も適切な表現にするには，（　　）内のどれを用いたらよいか，記号で答えなさい。

絶対落とすな!! **82%** 〔1〕Hi, Tom! How are you? Today I have some good news. Do you know (ア when イ where ウ what エ which) it is? Don't be surprised. Next month I will come to Japan. 〈新潟県〉

79% 〔2〕〔*In the classroom*〕
A :(ア Why イ Whose ウ When エ Who) pencil case is this?
B : Oh, it's mine. Thank you. Where did you find it? 〈福島県〉

78% 〔3〕A :(ア How イ When ウ Where エ Why) do you usually go to the library?
B : I go there after lunch. 〈栃木県〉

2 次の〔　　〕内の語を正しく並べ替えて，対話を完成させなさい。

76% 〔1〕*Teacher* : Welcome to our English school. [to / are / long / going / study / you / how] here?
Student : For a month. I'm here on my summer vacation. 〈山形県〉

61% 〔2〕(パーティーで)
Bill : Welcome to the party. Please help yourself.
Hiroshi : Help myself?
Bill : That means you can take any food you like. Do [what / understand / you / mean / I]?
Hiroshi : Yes, I see. Thank you. 〈岐阜県〉

51% 〔3〕(バス停で)
Woman : Excuse me. Could you tell me how to get to Midori Park?
Maki : Sure. The park is near Wakaba Museum. I think you should take a bus for Wakaba Museum.
Woman : Well, [to / bus / the / goes / which] museum?
Maki : Take the next bus. But please don't worry. I'm going to ride on the same bus.
Woman : Thank you very much.
Maki : You're welcome. 〈岐阜県〉

50% 〔4〕A : I heard the ALT of my school will travel to China during the spring vacation.
B : Oh, really? Do you [will / come back / when / to / she / know / Miyazaki]?
A : No, I don't. But I think my English teacher does. 〈宮崎県〉

助動詞

（　　）の中の語を正しい語順に並べ，その記号を書きなさい。　　〈千葉県〉

A : When shall we leave here tomorrow morning?
B : At nine. So, we (ア to　イ up　ウ don't　エ get　オ have) so early.

 解き方・考え方

　A「あすの朝，私たちはいつここを出発しましょうか」B「9時に。だから私たちはそれほど早く（　　）」というやりとり。to, don't, have があるので，〈don't have to ～〉「～する必要はない」を用いて，(we) don't have to get up (so early) とすれば，「私たちはそれほど早く起きる必要はありません」という意味の文になって，前の部分とも自然につながる。なお，shall we ～? は「～しましょうか」と相手の意志を尋ねる表現。並べかえでは，与えられている語と前後の内容から，どういう意味の文になるかを考えてみよう。

解答　**ウオアエイ**

🌳🌳🌳 入試必出！ 要点まとめ

You must study hard.「あなたは一生懸命勉強しなければなりません」
「～しなければならない」

● **助動詞は意味が問われやすい！　否定形の意味や，同意の書きかえにも注意。**
・can「～できる」（＝ be able to ～），「～してもよい」
　→否定形 can't「～できない，～のはずがない」
・may「～してもよい，～かもしれない」
・must「～しなければならない」（＝ have to ～），「～に違いない」
　→否定形 must not「～してはいけない」
　※don't have to ～ は「～する必要はない」の意味になる！
・will「～でしょう」（＝ be going to ～）→否定形 won't「～しないでしょう」
・should「～すべきである」→否定形 should not「～すべきではない」

● **助動詞を含む表現も出題されることが多い。**
・would like ～「～がほしい」，would like to ～「～したい」
・Will〔Can〕you ～?「～してくれませんか」（依頼を表す）
・Shall we ～?「（いっしょに）～しませんか」（勧誘を表す）
・Shall I ～?「～しましょうか」（申し出を表す）

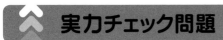
1 79%

次の英文を最も適切な表現にするには，（　　）内のどれを用いたらよいか，記号で答えなさい。 〈栃木県〉

A : Can you tell me how to use this?
B : (ア　Sounds nice.　　イ　Sure.　　ウ　Yes, you can.　　エ　No, you can't.)

---

2 77%

次の英文が，日本語と同じ意味になるように，□に入る最も適当な英語1語を語群から選んで書きなさい。 〈北海道〉

　　□□□ I open the window?
　　窓を開けてもいいですか。

語群 | Please　　Can　　Good　　What |

---

3 75%

次はAとBの対話です。（　　）に入る最も適切なものを，ア〜エの中から1つ選びなさい。 〈福島県〉

〔*At home*〕
A : Mom, you look very busy today.　Shall I make lunch?
B : Thanks, Lisa.　But (　　).　I'm going to make lunch.

ア　I can't　　イ　you can　　ウ　I don't have to　　エ　you don't have to

4

（　　）の中の語を，正しい順序に並べ替えて書きなさい。ただし，〔2〕には2つ不要な語がある。

〔1〕 73% Then, (have, make, to, we) a plan about our trip before we go to Seattle.
〈新潟県〉

〔2〕 69% A : What (to, like, you, would, took) for breakfast?
　　　　B : Japanese food, please.
〈神奈川県〉

---

5 67%

次の対話文の（　　）の中に最も適する英語を，1語ずつ書きなさい。 〈山形県〉

Hitoshi : Will your parents come to Japan to see you this summer?
Cathy : No, (　　) (　　).　I will go back to America to see them.

進行形

例題

次の文の（　　　）の中に入れるのに最も適するものを**ア〜エ**の中から１つ選び，その記号を書きなさい。　　　　　　　　　　　〈神奈川県〉

正答率
↓
絶対落とすな!!
81%

When I called Kumiko, she (　　　) English.
ア studies　**イ** is studying　**ウ** was studying　**エ** will study

解き方・考え方　　When I called Kumiko は「私がクミコに電話をしたとき」という意味で，過去のことを表している。そのときに「勉強していた」ということを表すように，過去進行形〈was〔were〕＋動詞の ing形〉の形の**ウ**を選ぶ。「私がクミコに電話をしたとき，彼女は英語を勉強していた」という意味の文になる。

解答　**ウ**

入試必出! **要点まとめ**

read の ing形
↓
She was reading a book when I visited her.
〈過去進行形〉　　　　　　　　　　　　　「私が彼女を訪ねたとき，彼女は本を読んでいました」

● **進行形の形を確認しよう。**
・現在進行形〈am〔are, is〕＋動詞の ing形〉「（今）〜しているところだ」
　現在進行中の動作を表す。He is playing the guitar. 「彼はギターを弾いています」
・過去進行形〈was〔were〕＋動詞の ing形〉「（そのとき）〜していた」
　過去のある時点に進行していた動作を表す。
　I was talking with my friends when our teacher came.
　　　　　　　　　　　　　　　「先生がやってきたとき，私は友達と話していました」
・進行形の疑問文→be動詞を主語の前に出す。
　She is taking pictures. → Is she taking pictures? 「彼女は写真を撮っているところですか」
　※答えるときは，Yes, 主語＋be動詞.／No, 主語＋be動詞＋not. とする。
　　→Yes, she is.／No, she isn't. 「はい，そうです。／いいえ，違います」
・進行形の否定文：be動詞のあとに not を置く。
　They weren't working together. 「彼らはいっしょに働いていませんでした」

● **動詞の ing形の作り方を確認しておこう。**
・原形に ing をつける：studying, looking, playing
・最後の e をとって ing をつける：taking, making, coming
・最後の子音字を重ねてから ing をつける：running, swimming, stopping

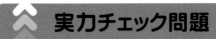
1 次の英文を最も適切な表現にするには，（　　）内のどれを用いたらよいか，記号で答えなさい。

絶対落とすな!! 80%
(1) In the video she (ア is　イ was　ウ were　エ did) speaking English very well when she talked with the other *astronauts.

* astronauts（宇宙飛行士）
〈山梨県改題〉

59%
(2) My brother and I (ア am　イ are　ウ was　エ were) cleaning the windows when my parents came home.　〈栃木県〉

2 70% 次の絵の内容から考えて，右の英文の（　　）に当てはまる適切な英語1語を書きなさい。ただし，（　　）内に示した文字で書き始めること。　〈高知県〉

Yoshiko is (c　　) dinner in the kitchen with her mother.

3 （　　）内の語を，最も適当な形に直して書きなさい。

68%
(1) For example, this morning, some people I met at the festival talked to me when I was (walk) to school.　〈長野県改題〉

67%
(2) I hear that Mr. Inoue is learning English and (study) foreign judo now.

〈宮崎県改題〉

4 （　　）の中の語を正しい語順に並べ替えなさい。大文字にする必要のある文字は大文字にしなさい。ただし，(2)には不要な語が2語ある。

67%
(1) A : (doing / when / what / you / were) Masao went to your house?
B : I was watching TV then.　〈青森県〉

53%
(2) A : What were (how / doing / when / you / to) I went to your house?
B : I was listening to music then.　〈神奈川県〉

現在完了

例 題	次の文の（　　）の中に入れるのに最も適するものをア～エの中から１つ選び，その記号を書きなさい。　　　　　　　　　　　　　　　　　　　　〈神奈川県〉

正答率
↓
71%

She has lived in this city (　　) last year.
ア　in　　イ　for　　ウ　with　　エ　since

解き方・考え方

has lived は現在完了で，「（今までずっと）住んでいる」と現在までの状態の継続を表している。「彼女は昨年からこの市に住んでいる」という意味になるように，**エ**の since を選ぶ。**イ**の for は「～の間」という意味なので，ここでは誤り。since と for の使い分けは確実にできるようにしておこう。

解 答 エ

 入試必出！・要点まとめ

be の過去分詞
↓
We have <u>been</u> good friends <u>since</u> we were children.
　　　　〈現在完了〉　　　　　　　　「～以来」　　「私たちは子どものときからずっといい友達です」

● **現在完了の形と意味を押さえよう。**
　have〔has〕＋過去分詞　①「～したところだ」（完了）　②「～したことがある」（経験）
　　　　　　　　　　　　　③「ずっと～している」（状態の継続）
　→疑問文：Have〔Has〕＋主語＋過去分詞～？
　　　　　　→Yes, 主語＋have〔has〕./No, 主語＋haven't〔hasn't〕. で答える。
　→否定文：have〔has〕のあとに not や never を置く。

● **〈動作の継続〉は現在完了進行形で表す。**
　　　　　　be の過去分詞
　　　　　　　↓
　She has <u>been</u> <u>reading</u> books for two hours.「彼女は２時間ずっと本を読んでいます」
　　　　　　　　　　↑
　　　　　　　動詞の ing 形

● **現在完了でよく用いられる語句を覚えておこう。**
　・完了→already「すでに」，yet「（疑問文で）もう，（否定文で）まだ」，just「ちょうど」
　・経験→ever「（疑問文で）今までに」，never「一度も～ない」，once「一度」，～ times「～回」
　　※have〔has〕been to ～「～へ行ったことがある」は頻出！
　・継続→since ～「～以来，～から」，for ～「～の間」，How long ～?「どのくらいの間～」

● **現在完了と過去形の違いを確認しよう。**
　I lived in New York three years ago.「私は３年前にニューヨークに住んでいました」
　　→３年前に住んでいたことを表している。（現在のことはわからない）
　I <u>have lived</u> in New York for three years.「私は３年間ニューヨークに住んでいます」
　　→現在までの３年間，ずっと住んでいることを表している。

1 90% 絶対落とすな!!　次の対話文の（　　）の中の語を意味が通るように並べ替えなさい。

(1) A : (never / have / to / I / been) Kyoto. How about you?
B : I went there last year. It was a nice place to visit.　〈宮崎県改題〉

(2) 56% A : How many (have / in / lived / years / you) this city?
B : About 20 years.　〈千葉県〉

(3) 52% A : Did you enjoy the movie last night?
B : Yes, I have (an / never / interesting / such / seen) movie.　〈千葉県〉

(4) A : I (been / for / looking / have) my umbrella since yesterday.
B : Oh, I saw it in the garden.　〈予想問題〉

2 次の英文を最も適切な表現にするには，（　　）内のどれを用いたらよいか，記号で答えなさい。

(1) 89% 絶対落とすな!! A : Have you ever listened to this song?
B :（ ア　Yes, I have.　イ　Yes, I am.　ウ　No, I didn't.　エ　No, I haven't.)
It's my favorite song.　〈栃木県〉

(2) 82% 絶対落とすな!! Has your sister ever (ア　been　イ　stayed　ウ　lived　エ　visited) to Canada?　〈栃木県〉

3 55% （　　）に当てはまる最も適当な英語を1語書きなさい。

Hi, Kumi. How are you? I've already been in Britain (　　) a week! I enjoy living here.　〈山梨県〉

4 64% （　　）内の語を，最も適当な形に直して書きなさい。　〈新潟県〉

It will be exciting to see you because I haven't (see) you for a long time.

5 次の日本文に合う英文になるように，（　　）内の語句を並べ替えなさい。

(1) 私の弟は10時間眠り続けています。　〈予想問題〉
My brother (been / for / has / sleeping) ten hours.

(2) あなたはどれくらいの間音楽を聞き続けているのですか。　〈予想問題〉
(you / how long / listening / have / been) to music?

比較

例題	次の対話文の（　　）内の語句を，意味が通るように正しく並べ替えて，英文を完成させなさい。〈宮崎県〉

正答率
↓
絶対落とすな!!
93%

A : Your teacher looks young, doesn't he?
B : Yes, he (my brother / as / as / old / is).

解き方・考え方

まず主語 he に動詞の is を続ける。as が 2 つと形容詞 old があるので，〈as ＋形容詞＋ as ～〉「～と同じくらい…」になるように，(he) is as old as my brother と並べる。

A：「あなたの先生は若く見えますよね」
B：「ええ，彼は私の兄と同じ年なのです」という

対話文になる。as が 2 つ出てきたら〈as ＋形容詞〔副詞〕の原級＋ as ～〉の形，than が出てきたら〈比較級＋ than ～〉の形，the と最上級が出てきたら〈the ＋最上級＋ in〔of〕～〉の形かな？と考えてみよう。

解答 is as old as my brother

入試必出!　要点まとめ

Ken is the best soccer player in his school.
　　　　 good の最上級　　　　　「～の中で」　　　　「ケンは学校で最も上手なサッカー選手です」

● **比較の表現を確認しよう。**
・as ＋形容詞〔副詞〕の原級＋ as ～「～と同じくらい…」
　He is as tall as his father.「彼は父親と同じくらいの背の高さです」
・比較級＋ than ～「～よりも…」
　This question is easier than that one.「この問題はあの問題よりも簡単です」
・the ＋最上級（＋ in〔of〕～）「（～の中で）最も…」
　She runs (the) fastest in her class.「彼女はクラスで最も速く走ります」

　※副詞の最上級には，the はつけなくてもよい。
　　〈in ＋ 範囲を表す語句 〉，〈of ＋ 複数を表す語句 〉の区別にも注意。

● **比較級・最上級の形を確実に覚えよう。**
・比較的短い単語…比較級：原級（もとの形）＋ -er ／最上級：原級＋ -est
　high—higher—highest, old—older—oldest
・比較的長い単語…比較級：more ＋原級／最上級：most ＋原級
　beautiful—more beautiful—most beautiful
　important—more important—most important
・不規則に変化する語
　good〔well〕—better—best, many〔much〕—more—most

26

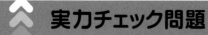
1 次の（　　）内の語を，意味が通るように並べ替えなさい。〔4〕は，日本語と同じ意味になるように並べ替えなさい。

87% 〔1〕 A : It is very cold today.
　　　 B : Really? I think today (as / cold / is / not / as) yesterday.　〈宮崎県〉

61% 〔2〕 This is (most / song / famous / the) in the world.　〈栃木県改題〉

53% 〔3〕 A : We have an apple pie, a pizza and some hamburgers. Which do you want to eat for lunch?
　　　 B : I'll have an apple pie. I (of / like / the best / it) the three.　〈愛媛県〉

84% 〔4〕 富士山は，日本で一番高い山です。
　　　 Mt. Fuji is the (mountain / in / highest) Japan.　〈北海道〉

2 82% 次の対話文の（　　）に当てはまる最も適当な語を1語書き入れて，対話文を完成させなさい。ただし，（　　）内の文字で始まる語を書くこと。　〈愛媛県〉

A : Do you like basketball?
B : Yes, I do. But I like soccer (b　　　) than basketball.

3 （　　）内の語を，最も適当な形に直して書きなさい。

63% 〔1〕 A : Have you seen the new movie yet?
　　　 B : Yes. It was the (good) one I've ever seen.　〈千葉県〉

54% 〔2〕 Andy uses chopsticks (well) than I.　〈新潟県〉

4 次の（　　）に入る最も適当なものを，記号で答えなさい。

81% 〔1〕〔*In a park*〕
A : Hey, look. The boy over there is running very fast. Do you know him?
B : Yes, he is my classmate. He runs faster (　　) any other boy in my class.
　ア of　イ in　ウ than　エ as　〈福島県〉

76% 〔2〕 I think pandas are the (　　) of all animals in the world.
　ア cute　イ as cute as　ウ cuter than　エ cutest　〈栃木県〉

27

不定詞

次のうち，□□□に入れるのに最も適しているものはどれか。1つ選び記号で書きなさい。　〈大阪府〉

正答率

73%

Oh, I'm glad □□□ that.

ア　heard　　イ　hearing　　ウ　to hear　　エ　to hearing

解き方・考え方

I'm glad で「私はうれしい」という意味。「それを聞いて私はうれしい」を表す動詞の形を選ぶ。感情を表す形容詞のあとに不定詞（to＋動詞の原形）を続けると，「～して」とその原因を表

すことができるので，**ウ**が正解となる。動詞の形を選ぶ問題では，空らんの前の部分とのつながりに注意すること。

解答　**ウ**

 入試必出！ **要点まとめ**

I want to finish this work to go out for lunch with him.
　　　　「～すること」　　　　　「～するために」
　　　　　　　　　　　　　　「私は彼と昼食に行くために，この仕事を終わらせたいです」

● **不定詞の表す意味を，用法別に押さえよう。**

〇名詞的用法「～すること」→文の主語や目的語になる。
　want to＋動詞の原形「～したい」，like to＋動詞の原形「～するのが好きだ」
　※It is ～（＋for ...）＋to＋動詞の原形.「（…にとって）―することは～だ」は頻出！

〇形容詞的用法「～する（ための），～すべき」→直前の（代）名詞を修飾する。
　something to eat「何か食べるもの」，a lot of homework to do「するべきたくさんの宿題」

〇副詞的用法
・目的「～するために」
　I went there to see my friend.「私は友達に会うためにそこへ行きました」
・感情の原因「～して」
　She was sad to hear the news.「彼女はその知らせを聞いて悲しみました」

● **〈疑問詞＋to＋動詞の原形〉の表現も頻出！**
・what to＋動詞の原形「何を～したらよいか」
・how to＋動詞の原形「どのように～したらよいか，～のしかた」
・when to＋動詞の原形「いつ～したらよいか」

● **〈動詞＋人（目的語）＋to＋動詞の原形〉にも注意！**
・ask＋人＋to＋動詞の原形「（人）に～するように頼む」
・tell＋人＋to＋動詞の原形「（人）に～するように言う」
・want＋人＋to＋動詞の原形「（人）に～してもらいたい」

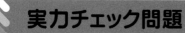

1 次の日本語を，英語に直しなさい。　　　　　　　　　　　　　　〈宮城県改題〉

絶対落とすな!! **81**% 〔1〕私はそれをどのように使うのかわからなかった。

64% 〔2〕彼女はバスに乗りたかった。

2 （　　）内の語を，意味が通るように並べ替えなさい。ただし，〔1〕には2つ不要な語がある。

57% 〔1〕A : Did you eat breakfast today?

B : Yes, I did. It is important (we / to / for / our / us) eat breakfast every morning.

〈神奈川県〉

56% 〔2〕He will (glad / hear / be / to) that.　　　　　　　　　　　　　〈新潟県改題〉

53% 〔3〕It will (fun / learn / be / to) English *rakugo*.　　　　　　　　〈埼玉県改題〉

51% 〔4〕〔*In an English class*〕

A : It's a difficult word for the students. Can (ask / I / say / to / you) it again, Mr. Davis?

B : OK, Ms. Kato. Now, listen to me, everyone.　　　　　　　　〈福島県〉

59% 〔5〕（放課後の教室で）

Tom　: I hear next Sunday is Ken's birthday.

Kumi : You're right. Taro and I are going to have a birthday party for him. Can you join us?

Tom　: Of course. Do you have any (him / make / to / ideas / happy)?

Kumi : Yes. We will make a special cake for him.

Tom　: That sounds great!　　　　　　　　　　　　　　　　　〈岐阜県〉

3 **50**% 次の英文が下の意味になるように，（　　）に適当な英語を2語入れなさい。　〈滋賀県改題〉

Some don't know (　　　　) read.

「何を読めばよいのか分からない人もいます。」

動名詞・受動態

例題

（　　）内の単語を，適切な形にして書きなさい。

〔1〕 We usually sit on a sofa. But a *futon* is used for (sit) and sleeping.

〈長野県改題〉

正答率

↓

(1)
72%

〔2〕 A : I know this song. Is it popular?
　　 B : Yes. This song is (know) all over the world.　　〈千葉県〉

(2)
60%

解き方・考え方

〔1〕 and が何と何をつないでいるかを考える。「しかし，布団は座ることと眠ることのために使われます」となるように，sleeping と同様「～すること」を表す動名詞（動詞の ing形）にする。このように，前置詞のあとにくる動詞は，必ず動名詞になることを覚えておこう。

〔2〕 前に is があるので，〈be動詞＋過去分詞〉の受動態か〈be動詞＋動詞の ing形〉の進行形のどちらかが考えられる。ここでは，「この歌は世界中で知られています」という意味になるよう受動態にするので，過去分詞 known にする。受動態か進行形かは，主語が「～される」のか，それとも「～している」のか，から判断しよう。

解答 〔1〕 sitting　　〔2〕 known

入試必出！・要点まとめ

動名詞 We enjoyed <u>playing</u> tennis. 「私たちはテニスをして楽しみました」
　　　　　　　　　〈動名詞〉play の ing形

● **動名詞は不定詞との使い分けが問われやすい！**
　・動名詞（動詞の ing形）→文の主語，動詞の目的語，前置詞の目的語になる。
　　目的語に動名詞をとり，不定詞はとらない動詞→enjoy，finish，stop など

● **動名詞を使った慣用表現も覚えておこう。**
　How about ～ing?「～するのはどうですか」，Thank you for ～ing.「～してくれてありがとう」，
　be good at ～ing「～するのが得意である」，look forward to ～ing「～するのを楽しみに待つ」

　　　　　　　　　　makeの過去分詞
　　　　　　　　　　　↓
受動態 This doll <u>was made</u> by Meg. 「この人形はメグによって作られました」
　　　　　　　　　　〈受動態〉　　「～によって」

● **受動態の疑問文や否定文の形に注意！**
　・疑問文：〈be動詞＋主語＋過去分詞～?〉　Was this doll <u>made</u> by Meg?
　・否定文：〈be動詞＋not＋過去分詞〉　This doll <u>wasn't made</u> by Meg.

● **助動詞のある受動態は〈助動詞＋be＋過去分詞〉になる。**
　This room <u>will be used</u> tomorrow. 「この部屋は明日，使用されるでしょう」

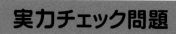
1 次の対話文の（　）内の語句を正しく並べ替えて，左から順にその記号を書きなさい。ただし，〔2〕には１つ不要な語があるので，その語は使用しないこと。

81% 〔1〕A : Excuse me. Is (ア　this　　イ　in Japan　　ウ　made　　エ　watch)?
　　　B : Yes, it is. It's very popular among young people.　　　　　　　〈愛媛県〉

68% 〔2〕A : Soccer is popular around the world.
　　　B : That's right. Soccer (ア　played　イ　many　ウ　is　エ　by　オ　plays) people
　　　　around the world.　　　　　　　　　　　　　　　　　　　　　　〈神奈川県〉

55% 〔3〕A: Wow, that sounds very beautiful, Michiko.
　　　B: Thanks, Tom. (ア　a lot of　　イ　piano　　ウ　is　　エ　playing
　　　　オ　fun　　カ　the).　　　　　　　　　　　　　　　　　　　　〈山形県〉

2 72% （　）に入る最も適当なものを，ア〜エの中から１つ選びなさい。　〈福島県〉

〔*At home*〕
A : Please give me something to eat, Mom.
B : It's ten o'clock, Ann. You have to stop (　　) late at night.
ア　eat　　イ　ate　　ウ　eaten　　エ　eating

3 （　）内の単語を，適切な形にして書きなさい。

54% 〔1〕The ocean view which can be (see) from *Toi-misaki* is so beautiful.　〈宮崎県〉

58% 〔2〕How about (go) to the ski ground this weekend?　　　　　　〈新潟県改題〉

4 54% （　）に入る適切な１語を書きなさい。　　　　　　　　　　　　〈宮崎県〉

A : My father took this picture.
B : I love it. Where (　　　　) it taken?
A : In Finland.

5 51% 次の英文を日本語に直しなさい。　　　　　　　　　　　　　　〈奈良県改題〉

That evening during dinner, Jack's family started talking about the bird problem at
the farm.

分詞

次はAとBの対話です。(　　)に入る最も適切なものを，**ア～エ**の中から1つ選びなさい。　　　　　　　　　　　〈福島県〉

正答率
↓
62%

〔*At school*〕
A : Ms. Green, I got a Christmas card (　　) in English.
B : That's nice. Is it from your friend Becky?
ア write　　**イ** writes　　**ウ** wrote　　**エ** written

解き方
・
考え方

　I got a Christmas card で「私はクリスマスカードをもらった」という文になるので，空らん以下は a Christmas card を修飾する語句になる。「英語で書かれたクリスマスカード」とい

う意味にするには，「～された…」の使い方の過去分詞を用いるので written。分詞が名詞を修飾できることを覚えておこう。

解答 **エ**

 入試必出！ **要点まとめ**

stand の現在分詞
↓
Look at the boy │standing│ by the tree. 「木のそばに立っている男の子を見なさい」

● **現在分詞と過去分詞の意味の違いに注意！**
　分詞は名詞を修飾することができる。語順にも気をつけよう。
・現在分詞：「～している…」
　a │sleeping│ baby 「│眠っている│赤ちゃん」

　　→分詞1語が名詞を修飾するときは，分詞を名詞の前に置く。

　a baby │sleeping│ in the bed 「ベッドで │眠っている│赤ちゃん」

　　→分詞がほかの語句といっしょに名詞を修飾するときは，〈分詞＋語句〉を名詞のあとに置く。

・過去分詞：「～された〔される〕…」
　a │spoken│ language 「│話される│言語→話し言葉」

　a language │spoken│ in Japan 「│日本で│話される│言語」

1 （　　）内の語を適切な形に直しなさい。

83% 〔1〕 It was from a book (write) by Mr. Yokoishi. 〈宮城県改題〉

78% 〔2〕 We catch not only the fish (swim) in the sea, but the fish flying above *the surface of the water, with nets.

* the surface of the water（海面）
〈宮崎県改題〉

56% 〔3〕 I also see a book (write) about him on the desk. 〈宮崎県改題〉

2 （　　）内の語句を，意味が通るように並べ替えなさい。ただし，〔1〕には1つ不要な語がある。

76% 〔1〕 A : There are a lot of cars here. Which car do you like the best?
B : Well, I like that blue car (make / Japan / in / the / made) best. 〈神奈川県〉

71% 〔2〕 He said, "Have (a / written / you / book / read) by Natsume Soseki, Hiroshi?" 〈岐阜県改題〉

51% 〔3〕 If you go to India, (many people / English / meet / speaking / you'll). 〈北海道改題〉

3 （　　）に当てはまる最も適切な語句を，ア～エから1つ選び，その記号を書きなさい。

71% 〔1〕 English is a language (　　) all over the world.
ア speak　イ spoke　ウ spoken　エ speaking 〈秋田県〉

61% 〔2〕 Many people come to his restaurant because they want to eat the food (　　) by him.
ア cook　イ to cook　ウ cooked　エ cooking 〈山梨県改題〉

53% 〔3〕 Do you know the name of that bird (　　) in the trees?
ア is singing　イ singing　ウ sings　エ sing 〈神奈川県〉

関係代名詞

日本語と同じ意味になるように，（　　）内の語を並べ替えて書きなさい。

〈北海道〉

正答率

↓

58%

私は，バレーボールがとても上手な女の子を知っています。
I know (plays / a / who / girl) volleyball very well.

解き方・考え方

　まず I know a girl「私は女の子を知っています」という文を完成させる。次に，plays volleyball very well「とても上手にバレーボールをする（＝バレーボールがとても上手な）」の部分を組み立て，後ろから a girl を修飾する語順にする。このとき，修飾される名詞 a girl と，それを修飾する plays 以降は，接続詞と代名詞2つの働き

きをもつ関係代名詞でつなぐことができる。この問題では，関係代名詞 who は plays の主語となっているので，主格の関係代名詞と呼ばれる。関係代名詞の問題は，修飾される名詞（先行詞）はどれか，先行詞は「人」か「人以外」か，関係代名詞はあとに続く文の主語か目的語か，などに着目しよう。

解答　a girl who plays

 入試必出！ **要点まとめ**

主格の関係代名詞
↓
主格の関係代名詞　She is the girl who runs very fast.
先行詞
「彼女はとても速く走る女の子です」

目的格の関係代名詞
↓
目的格の関係代名詞　He is the boy (that) I saw yesterday.
先行詞
「彼は私が昨日会った男の子です」

● 関係代名詞の使い分けは確実に！
○関係代名詞：接続詞と代名詞の働きをする。
　I have a friend. ＋ She can speak French. → I have a friend who can speak French.
「私にはフランス語を話せる友人がいます」

　・who：先行詞が「人」で，主格（次に動詞が続く）。
　・which：先行詞が「人以外」で，主格・目的格。
　・that：先行詞は「人」および「人以外」で，主格・目的格。
○目的格の関係代名詞が省略された形がよく問われる！
　which または that が省略されている
　↓
　I will show you the pictures I took during the trip.
「私が旅の間に撮った写真をお見せしましょう」

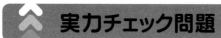

1 （　　）に入る最も適当なものを，**ア**〜**エ**の中から1つ選びなさい。

77% 〔1〕 This is the cake (　　) my mother loves.
　　　　ア　which　　イ　who　　ウ　when　　エ　where　　　〈栃木県〉

71% 〔2〕 There are a lot of people (　　) speak Spanish around me.
　　　　ア　what　　イ　when　　ウ　which　　エ　who　　　〈栃木県〉

68% 〔3〕 A : How was the school trip?
　　　　B : Great! The members (　　) interested in Kyoto ate *tofu* at a famous temple.
　　　　ア　who is　　イ　that is　　ウ　who were　　エ　which was　　　〈栃木県〉

64% 〔4〕 In my house, there is a *noren* with a beautiful design. My mother *hangs *noren*
　　　　(　　) are good for each season.
　　　　　　　　　　　　　　　　　　　　　　　* *noren*（のれん）　hang（〜を掛ける）
　　　　ア　how　　イ　which　　ウ　when　　エ　who　　　〈静岡県〉

51% 〔5〕 This is the park (　　) visited two years ago.
　　　　ア　to　　イ　has　　ウ　because　　エ　we　　　〈神奈川県〉

2 次の対話文の（　　）内の語句を，意味が通るように正しく並べ替えて，英文を完成させなさい。

59% 〔1〕 A : Do you remember the man standing over there?
　　　　B : No, I don't.
　　　　A : That (the library / the man / is / we / in / met) last week.
　　　　B : Oh, now I remember.　　　〈宮崎県〉

64% 〔2〕 A : What is that *building? It looks old, but very beautiful.
　　　　B : Oh, it is (was / built / temple / which / a) three hundred years ago.
　　　　　　　　　　　　　　　　　　　　　　　* building（建物）
　　　　　　　　　　　　　　　　　　　　　　　〈鳥取県〉

文のつくり（SVOO・SVOC・原形不定詞）

例題

☐ の中の語を，正しい順序に並べ替えて書きなさい。 〈新潟県改題〉

Thinking about this weekend very, me, makes, excited .

正答率

↓

54%

解き方・考え方

　まず，主語が「この週末について考えること」という意味になることを押さえよう。与えられた語の中で，動詞は makes である。〈make 〜 …〉で「〜を…にする」という意味を表すので，〈〜〉に me，〈…〉に very excited を置くと「私をとてもわくわくさせる」となり，文がつながる。

解答　makes me very excited

 入試必出! **要点まとめ**

文を構成する要素 英文は，主語（S），動詞（V），目的語（O），補語（C）の組み合わせで成り立つ。

S＋V＋O（人）＋O（もの）の文 「SはO（人）にO（もの）をVする」

She gave 　me 　some books. 「彼女は私に何冊かの本をくれました」
　　　　　 目的語「〜に」 　目的語「…を」

● **動詞（V）のあとに目的語（O）が2つ続く！**

・この形の文をつくる動詞：give「〜に…を与える」，buy「〜に…を買う」，show「〜に…を見せる」，
　teach「〜に…を教える」，tell「〜に…を伝える，教える」，make「〜に…を作る」 など

・2つ目の目的語に〈疑問詞＋to＋動詞の原形〉がくることもある。
　Please show me how to cook *sushi*. 「すしの作り方を私に見せてください」

S＋V＋O＋Cの文 「SはOをC（の状態）にVする」

His songs make 　me 　　happy. 　「彼の歌は私を幸せにしてくれます」
　　　　　　　　 目的語「〜を」 　補語「…（の状態）に」

● **補語（C）には，名詞か形容詞がくる！**

・この形の文をつくる動詞：
　make「〜を…にする」，call「〜を…と呼ぶ」，name「〜を…と名付ける」 など

原形不定詞の文 「Oが…するのを手伝う」「Oに…させる」「Oに…させてやる」 など

I'll help you 　clean the room. 「私はあなたが部屋を掃除するのを手伝います」
　　　　 目的語 　原形不定詞

● **「人やものに…させる」は，〈主語＋動詞＋目的語＋動詞の原形（＝原形不定詞）〉で表す！**

・あとに原形不定詞をとる動詞：
　help「〜が…するのを手伝う」，make「〜に…させる」，let「〜に…させてやる」 など

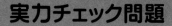

1 **86%** 次の英文は理恵が書いたものです。[　]内の語を正しく並べ替えるとき，2番目と4番目にくる語の組み合わせとして適切なものは，次のうちどれか。ただし，文の最初にくる語も小文字で示してあります。　　　　　　　　　　　　〈岐阜県〉

Today I got a letter from my friend, Mayumi. Now she lives in Australia. She sent me a beautiful picture of a big river. She went to the river with her new friend Lisa. Now Mayumi enjoys her new life in Australia. [happy / the / me / letter / made].

ア　2番目 letter － 4番目 me　　イ　2番目 the　 － 4番目 me
ウ　2番目 happy － 4番目 the　　エ　2番目 made － 4番目 the

2 （　　）内の語を正しく並べ替えなさい。

82% 〔1〕A : Could (me / you / show / books / the) you bought yesterday?
　　　B : Sure.　　　　　　　　　　　　　　　　　　　　　　　　　　〈秋田県〉

65% 〔2〕Keita, (give / some / me / will / you) advice?　　　　　　　　〈新潟県〉

68% 〔3〕A : Have you ever been to the museum?
　　　B : No. Will you (get / how / me / tell / to) there?　　　　　〈宮崎県〉

〔4〕The (cry / book / me / made). The story was very sad.　　〈予想問題〉

3 （　　）にあてはまるものを，ア～エから1つ選んで記号で書きなさい。

71% 〔1〕The hamburger in this picture looks real. It (　　) me hungry.　〈秋田県〉

　　　ア　makes　　イ　calls　　ウ　takes　　エ　gives

〔2〕I have to go to the supermarket. Please let me (　　) your bike.　〈予想問題〉

　　　ア　using　　イ　uses　　ウ　use　　エ　used

〔3〕My classmates (　　) me carry the books.　　　　　　　　　　〈予想問題〉

　　　ア　bought　　イ　helped　　ウ　called　　エ　gave

〈that＋主語＋動詞〉を含む文

例題　次の日本文の意味を表す英文になるように，（　　）内の語句を並べ替えなさい。　　　〈予想問題〉

姉は，その本はおもしろかったと私に話してくれました。
My sister (me / the book / that / was / told) interesting.

解き方・考え方　まず「姉は私に話してくれました」の部分を組み立てる。My sister told me のあとに，接続詞 that「～ということ」を使って，話してくれた内容「その本は面白かった（ということ）」を続ける。接続詞 that のあとには必ず〈主語＋動詞〉が続くので，that the book was interesting となる。この文は〈ＳＶＯＯ〉の形で，２つ目のＯ（目的語）が〈that＋主語＋動詞〉になっていることに気づこう。

解答　told me that the book was

 入試必出！ 要点まとめ

接続詞 that
My mother always tells　me　(that) friends are important.
　　　　　　　　　　　動詞　目的語（人）　　目的語（もの〈that＋主語＋動詞〉）
　　　　　　　　　　　　　　　　　　　　「私の母はいつも，友達は大切だと私に言います」

● **〈that＋主語＋動詞〉を含む文は，語順整序で出題されることが多い！**

・語群に know，think，hope などの動詞がある場合…
　→〈ＳＶ＋that ～〉の可能性大！
　I hope (that) you'll get better soon.「あなたがすぐに良くなることを願っています」
　　　　「あなたがすぐに良くなるということ」

・語群に me，us，them など，目的語になる代名詞がある場合…
　→〈ＳＶＯ＋that ～〉の可能性大！
　He showed us (that) soccer is exciting.　「彼は私たちに，サッカーはわくわくするということを
　　　　「サッカーがわくわくするということ」　見せてくれました」

・語群に glad，afraid，sorry など，感情を表す形容詞がある場合…
　→〈be動詞＋形容詞＋that ～〉の可能性大！
　I'm glad (that) you liked the flowers.　「あなたがその花を気に入ってくれてうれしいです」
　　　　「あなたがその花を気に入ってくれたこと」

● **接続詞 that は省略されることが多い！**
　Mr. Suzuki taught them ___ English is fun.「鈴木先生は彼らに，英語は楽しいと教えました」
　　　　　　　　　　　　　that が省略されている

1 次の英文中の（　）に入れるのに最も適するものを，**ア〜エ**の中から１つ選び，記号で答えなさい。

〔1〕 I like music the best of all my subject. The music teacher always (　　) us that the sound of music can move people.
　　ア　says　　イ　tells　　ウ　speaks　　エ　talks 〈栃木県〉

〔2〕 Ryo will show (　　) that he is a good baseball player in the game. 〈予想問題〉
　　ア　their　　イ　they　　ウ　them　　エ　we

2 日本文に合う英文になるように，次の（　　）内の語を並べ替えなさい。

〔1〕 私たちは彼が私たちのチームに参加することを望んでいます。 〈予想問題〉
　　We (he / hope / join / will) our team.

〔2〕 その映画は私に，歴史はおもしろいということを教えてくれました。 〈予想問題〉
　　(movie / me / taught / that / the) history is interesting.

3 次の英文を日本文にしなさい。

〔1〕 I'm glad that she came to the party. 〈予想問題〉

〔2〕 The graph shows that cats are popular in my class. 〈予想問題〉

仮定法

例題	次の日本文に合う英文になるように，（　　）内に適する語を**ア〜エ**の中から選び，記号で答えなさい。　　　　　　　　　　　　　　　〈予想問題〉

もし私がクジラだったら，海の中に住めるのになあ。
If I (**ア** am　**イ** were　**ウ** be　**エ** are) a whale, I could live in the sea.

解き方・考え方

　日本文は「もし私がクジラだったら」と，実現しないような内容を表している。このように，現実とは異なることや，実現する可能性がほとんどないことを表現する場合には，仮定法を用いる。仮定法の文では，一般動詞，be動詞，助動詞それぞれの過去形を使う。be動詞の場合，主語にかかわらず，ふつう were を使う。文の後半の「海の中に住めるのになあ」も，I could live in the sea と can の過去形 could になっていることに注目。なお，「もし明日晴れれば，私は海に泳ぎに行くでしょう」のような，実現する可能性がある内容のときは，If it is sunny tomorrow, I'll go swimming in the sea. と，未来のことでも現在形を使うので，混同しないよう注意。

解答　**イ**

 入試必出! **要点まとめ**

If 〜の文　If I had a lot of money, I would buy a house.
　　　　　　　　動詞の過去形　　　　　　　　助動詞の過去形
　　　　　　　　　　　　　　　「もし私にお金がたくさんあったら，家を買うでしょう」

● 「もし〜なら…」と，現在の事実とは異なることを仮定するときは If 〜を使う！
・〈If ＋主語＋動詞の過去形，主語＋ could〔would〕＋動詞の原形〉の形
　If I knew her address, I could send a letter to her.
　「もし彼女の住所を知っていたら，彼女に手紙を送れるのに」← 現実 知らないので，送れない
・If に続く動詞が be動詞の場合，主語にかかわらず were を使うことが多い。
　If he were in Japan, he would help us.
　「もし彼が日本にいれば，私たちを助けてくれるでしょう」← 現実 いないので，助けてくれない

I wish 〜の文　I wish I were a cat. 「私がネコだったらなあ」
　　　　　　　　　　　　　(助) 動詞の過去形

● 「私が〜だったらなあ」と，実現する可能性がほとんどない願望を述べるときは I wish 〜を使う！
・〈I wish ＋主語＋ (助) 動詞の過去形〉の形
　I wish I had a car. 「私が車を持っていればなあ」← 現実 車を持っていない
　I wish I could speak French. 「私がフランス語を話せればなあ」← 現実 フランス語を話せない
　I wish she were my sister. 「彼女が私の姉だったらなあ」← 現実 彼女は姉ではない

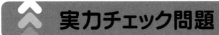

---

1 次の英文の（　　）に入れるのに最も適するものを，**ア～エ**の中から1つ選び，記号で答えなさい。

〔1〕 I wish I (　　) more money.　　　〈予想問題〉
　　 ア　have　　イ　had　　ウ　to have　　エ　has

〔2〕 If she (　　) in Japan, I would go to see her.　　　〈予想問題〉
　　 ア　live　　イ　living　　ウ　lives　　エ　lived

84% 〔3〕 (　　) I were you, I would buy postcards at shops.
　　 ア　Because　　イ　When　　ウ　If　　エ　Before　　　〈静岡県〉

〔4〕 (「先週から歯が痛むががまんしている」と言う友人に対して)
　　 If (　　) you, I would go to the *dentist.　　　* dentist（歯科医）
　　 ア　I am　　イ　I were　　ウ　I will be　　エ　I would be　　　〈予想問題〉

---

2 日本文の意味に合う英文になるように，（　　）内の語を適する形に直しなさい。

〔1〕 私が彼女の名前を知っていればなあ。　　　〈予想問題〉
　　 I wish I (know) her name.

〔2〕 もし私の家が広ければ，犬を10匹飼うでしょう。　　　〈予想問題〉
　　 If my house ①(be) large, I ②(will) have ten dogs.

---

3 日本文に合う英文になるように，次の（　　）内の語を並べ替えなさい。

〔1〕 ネコと話すことができればなあ。　　　〈予想問題〉
　　 (could / with / wish / talk / I / I) cats.

〔2〕 もし私がお金持ちなら，世界中を旅行できるのになあ。　　　〈予想問題〉
　　 (rich / if / were / I), I could travel around the world.

---

4 次の英文を日本文にしなさい。

If I were a doctor, I would help sick children.　　　〈予想問題〉

会話表現① (電話・買い物・道案内)

例題

次はAとBとの対話文です。( ) の語を正しく並べ替えなさい。ただし, 文頭に来る語も小文字にしてあります。

〈福島県〉

正答率

↓

絶対落とすな!!

82%

〔*On the phone*〕

A : Hello. This is Takashi. (I, Ellen, may, to, speak), please?

B : Hi, Takashi. This is Ellen.

解き方・考え方
　　最初に On the phone「電話で」とあることがヒントになる。「もしもし。タカシです」に続く文を考える。May I speak to ～? は「～とお話しできますか→（電話で）～はいらっしゃいますか」

という意味になるので, これを用いて May I speak to Ellen(, please?)「エレンさんはいらっしゃいますか」とする。

解答　May I speak to Ellen

 入試必出! ・**要点まとめ**

May I help you? — Yes, I'm looking for a shirt.
「いらっしゃいませ」　　　　　　　look for ～「～を探す」
「いらっしゃいませ」　　　　　「ええ, 私はシャツを探しています」

● **電話での表現, お店での表現はよく問われる!**
・電話で用いられる表現
　Hello.「もしもし」
　This is ～ (speaking).「こちらは～です」
　May I speak to ～?「～はいらっしゃいますか」
　Speaking.「私です」
　May I take a message?「伝言をうかがいましょうか」
　I'll call back later.「あとでかけ直します」
・お店で用いられる表現
　May I help you?「いらっしゃいませ」
　Do you have ～?「～はありますか」
　I'm looking for ～.「～を探しています」
　Can you show me another size〔color〕?「別のサイズ〔色〕を見せてもらえますか」
　How much is this?「これはいくらですか」
　I'll take it.「これを買います」
・道案内で用いられる表現
　Excuse me, but ～.「すみませんが～」
　Could〔Would, Can, Will〕you tell me the way to ～?「～への道を教えていただけませんか」
　It's over there.「あそこです」
　Go straight.「まっすぐ進みなさい」
　Turn left〔right〕at the first corner.「最初の角を左に〔右に〕曲がりなさい」
　It's on your left〔right〕.「それは左側〔右側〕にあります」

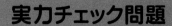

1 92% 絵を参考に，2人の対話文の（　　）に当てはまる最も適当なものを，次の**ア〜エ**から1つ選び，記号で書きなさい。　　　　　　　　　　　　　　　　　　　　　　　　〈長野県〉

店員　：Do you need this bag?
Cathy：（　　　　　）

ア　No, thank you.　　イ　No, it's yours.
ウ　No, it's white.　　エ　No, it isn't.

2 次の対話が自然に流れるように，（　　）に最もよく当てはまる英文を，下の**ア〜カ**または**ア〜エ**から1つ選び，記号で答えなさい。

〔1〕 89% A : How about this one?
B : I don't like this color. （　　　　　）
A : All right. Here you are.

ア　Thank you for your help.　　　イ　I'm new to them.
ウ　Please show me another one.　エ　OK. Go straight ahead.
オ　Sure, go ahead.　　　　　　　カ　So far so good.　　　〈宮崎県〉

〔2〕 86% 〔デパートで〕
Masao : Excuse me, I'm looking for a white shirt for my father.
店員　　：（　　　　　）
Masao : Large, please.
店員　　：How about this one?

ア　How much is it?　イ　What is it?　ウ　What color?　エ　What size?
　　　　　　　　　　　　　　　　　　　　　　　　　　　　　　〈長野県〉

〔3〕 70% 〔*On the phone*〕
A : Hello?
B : Hello. This is Lisa. May I speak to Mike, please?
A : I'm sorry, he's out. Would you like to leave a message?
B : （　　） Thank you.

ア　No, I'll call back later.　　イ　Yes, I will leave for school.
ウ　OK, see you then.　　　　　エ　When will you come back?　〈福島県〉

3 82% 次の文の（　　）の中に入れるのに最も適するものを**ア〜エ**の中から1つ選び，その記号を書きなさい。

（　　） you tell me the way to the station?

ア　Could　イ　Were　ウ　Have　エ　When　　　　　　　〈神奈川県〉

会話表現② （依頼・感謝など）

例題

次の英文を最も適切な表現にするには，（　　）内のどれを用いたらよいか，記号で答えなさい。なお，この英文は対話文である。　　　〈栃木県〉

正答率
↓

絶対落とすな!!
84%

A : You look beautiful in that dress.
B :（ア Me too.　イ Oh, do you?　ウ Thank you.　エ You did.）

解き方・考え方

　Aの「そのドレスを着ると，あなたは美しく見えます」という発言への返答としてふさわしいものを選ぶ。「ありがとう」とお礼を述べているウが最も自然。ア「私もです」，イ「あら，あなた

はそうなのですか」，エ「あなたはそうでした」は，前の文とつながらない。

解答　ウ

 入試必出!・要点まとめ

Excuse me, but will you help me? — Sure.
　「すみません」　「〜してくれませんか」　　　　「いいですよ」
「すみませんが，手伝ってくれませんか」　　　　「いいですよ」

● **依頼や許可を求める表現は，英作文でもよく出題される!**
・依頼の表現　Will〔Can, Would, Could〕you 〜? 「〜していただけますか」
　→ OK. 「いいですよ」，All right. 「いいですよ」，
　　 I'm sorry, but I can't. 「すみませんが，できません」
・相手に申し出る表現　Shall I 〜? 「〜しましょうか」
　→ Yes, please. 「はい，お願いします」，Thank you. 「ありがとう」，
　　 No, thank you. 「いいえ，けっこうです」
・相手に許可を求める表現　Can〔May〕I 〜? 「〜してもいいですか」
　→ Of course. 「もちろん」，Please go ahead. 「どうぞ」，Certainly. 「どうぞ」，
　　 No problem. 「いいですよ」，I'm sorry, (but) you can't. 「すみませんが，だめです」
・相手を誘う表現
　Do you want to 〜? 「〜したいですか→〜しませんか」
　Let's 〜. 「〜しましょう」
　Shall we 〜? 「(いっしょに)〜しましょうか」

● **感謝を伝える言葉と，それへの返答も覚えておこう。**
　Thank you (very much). 「(どうも)ありがとう」
　Thank you for 〜. 「〜をありがとう」
　Thank you for 〜ing. 「〜してくれてありがとう」
　→ You're welcome. 「どういたしまして」，It's my pleasure. 「どういたしまして」

次の2人の対話が自然な流れになるように，（　　）に当てはまる最も適切な英文をそれぞれ1つずつ選び，記号で書きなさい。〈長野県〉

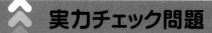

96% 〔1〕 *Mother* : Who did that?

Jim : (　　　　) I did.

ア I'm OK, イ I'm sorry,

ウ I'm fine, エ I'm happy,

91% 〔2〕〔*At a restaurant*〕

A : (　　) Can I have some water?

B : Sure. Just a minute, please.

ア I'm sorry. イ No, thank you. ウ Excuse me. エ You're welcome.

〈福島県〉

81% 〔3〕〔文化祭の準備で〕

Yumi : You look so busy.

Taro : Yes. I have to do much work.

Yumi : (　　　　)

Taro : Thank you. Please carry these books to the library.

ア Shall I help you? イ May I go home?

ウ Will you help me? エ Can you do my work? 〈長野県〉

67% 〔4〕〔学校の廊下で〕

Aya : Hi, Masato. What are you doing?

Masato : I'm carrying these books to the music room. Ms. Ishida asked me to do so.

Aya : They look *heavy. Do you need my help? *heavy（重い）

Masato : (　　　　)

Aya : OK. I'll wait for you at the school gate. Let's go home together.

ア Of course, they are. イ Thank you, but I can do it.

ウ Yes, I am. エ Yes, where is the school gate? 〈岐阜県〉

65% 〔5〕 A : Can I use your dictionary? I've not brought mine.

B : (　　　　)

A : Thank you.

ア Thank you for your help. イ I'm new to them.

ウ Please show me another one. エ OK. Go straight ahead.

オ Sure, go ahead. カ So far so good. 〈宮崎県〉

65% 〔6〕〔*On the street*〕

A : Hi, Bob. How's (　　)?

B : Well, I was sick in bed last week. But I feel better today.

ア some イ another ウ everything エ nothing 〈福島県〉

会話表現③ （あいさつ・日常会話）

例題

次の英文を最も適切な表現にするには，（　　）内のどれを用いたらよいか，記号で答えなさい。 〈栃木県〉

正答率
↓
74%

A : I could sleep very well last night. I'm sure I will win the game today.

B : (ア　And you?　　イ　That's all.　　ウ　That's too bad.
　　エ　That's good.)

解き方・考え方

　A の発言は「昨夜はとてもよく眠れました。きっと今日の試合に勝つと思います」という内容。これに対する B の発言としては，**エ**「それはいいですね」が適当。**ア**「それであなたはどうですか」，**イ**「それだけです，それで終わりです」，

ウ「それはお気の毒に」では，自然な対話にならない。このように，対話文問題では，対話の流れに合ったものを選ぶことに気をつけよう。

解答 エ

 入試必出！ **要点まとめ**

Why don't we play tennis? — Sounds good.
「～するのはどうですか」　　　　　　　「いいですね」
「テニスをするのはどうですか」　　　　「いいですね」

● 日常的な言い回しは覚えておくと役に立つ。

How's it going?「調子はどう？」
See you.「またね」
What's the matter〔What's wrong／What's up〕?「どうしたの？」
Here you are.「はいどうぞ」（相手にものを渡すときに使う）
Say hello to ～.「～によろしく伝えてください」
That's too bad.「残念ですね，お気の毒に」
Don't worry.「心配しないで」
Don't give up.「あきらめないで」

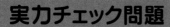
次の2人の対話が自然に流れるように，（　）に当てはまる最も適切な英文を，ア〜エの中からそれぞれ1つずつ選び，記号で書きなさい。

89% 〔1〕〔友達の家で〕

Akira : I'm sorry, Tom. I didn't bring your CD today.

Tom　: (　　　) I don't need it today. Please bring it next time.

Akira : Thanks. I will.

ア　Here you are.　　イ　How much is it?

ウ　Don't worry.　　エ　When did you buy it?　　　　　〈長野県〉

85% 〔2〕〔家での夕食時に〕

Miho　: Are you free next Sunday?

Father : I'm sorry. I have some work to do on Sunday, but why?

Miho　: Our basketball team will have a game. I really want you to come. I am one of the members who will play in the game.

Father : (　　　) OK. I'll try to finish my work on Saturday.

ア　It's mine.　　イ　That's great.　　ウ　I don't agree.　　エ　Here you are.

〈岐阜県〉

66% 〔3〕*Miho* : Hi, Bill. What are you doing?

Bill　: I'm looking for a present for my sister. Do you know any good shops?

Miho : Well, I think "BROWN'S HOUSE" is the best shop to buy a present.

Bill　: I have never been to the shop. How can I get there?

Miho : (　　　) The shop is near my house.

Bill　: Oh, really? Thank you very much.

ア　I'll show you.　　　　イ　It's 3,000 yen.

ウ　I'm sorry. I don't know.　　エ　You can get a beautiful picture.　　〈岐阜県〉

62% 〔4〕A : (　　　)

B : I can't find my racket.

ア　What is in it?　　　　イ　What would you like?

ウ　What's the matter?　　エ　What is it like?　　　　〈栃木県〉

56% 〔5〕*Paul* : Hi, Emi. I have a lot of questions about math. Do you have time?

Emi : I'm sorry, but I must go home now because I'm going to go shopping with my mother. (　　　)

Paul : That's a good idea. She likes math very much. Thank you.

Emi : You're welcome. See you tomorrow.

ア　Can you help Nancy?　　イ　Why don't you ask Nancy?

ウ　Shall I meet Nancy?　　エ　Do you want Nancy to ask the questions?

〈岐阜県〉

例題

次の英文は，オーストラリアの大学内でのトム（Tom）とボブ（Bob）の対話の一部です。対話の意味が通るように，〔 A 〕，〔 B 〕に入る最も適切なものを，下の**ア～カ**の中からそれぞれ１つ選び，その記号を書きなさい。*印の語には，対話のあとに注があります。　　　　　　　　　〈青森県改題〉

正答率

↓

A **70**%

B **68**%

Bob : Well, I enjoyed *snowboarding and visiting *hot springs. I saw a snow festival too.

Tom : A snow festival?

Bob : Yes. In the festival people can see many big snow *statues in a park. At night they are *illuminated and they are beautiful.

Tom : 〔　　　　A　　　　〕

Bob : Don't worry. When you feel cold, you can eat something hot. *Noodles in hot soup helped me to be warm.

Tom : I see. I don't like winter. 〔　　　B　　　〕

Bob : Yes. I hope you will enjoy winter there in the future.

　　　　　 * snowboarding（スノーボードをすること）　hot springs（温泉）　statues（像）
　　　　　 illuminated（ライトで照らされて）　noodles in hot soup（温かいスープに入った麺）

ア　But I'm sad to know about winter there.

イ　But I think the festival makes winter there exciting.

ウ　There are too many people in the park.

エ　But it is difficult for me to go there.

オ　I don't know what I should do.

カ　That sounds wonderful, but very cold too.

解き方・考え方

　A ボブの雪祭りの説明を聞いたあとのトムの言葉。次にボブは「心配しないで。寒く感じたら何か温かいものを食べられる」と言っているので，寒さを心配する**カ**の「それはすばらしいけど，とても寒そうでもあるね」が適切。B「ぼくは冬は好きではない」に続くトムの言葉。このあとボブは，トムが将来そこで冬を楽しむことを願っているので，トムも祭りのよさを認める**イ**の「でもその祭りがそこの冬を楽しいものにしていると思う」が適切。

解答　A **カ**　　B **イ**

　入試必出!　要点まとめ

Do you know that man? — Yes, I do.／No, I don't.

「あなたはあの男の人を知っていますか」「はい，知っています」「いいえ，知りません」

● **質問とその答え方をヒントに考える。**

　対話文では，質問とその答えのどちらかが空らんになっていることが多いので，疑問文とその答え方や，決まった受け答えなどを覚えておこう。

　　Why ～?「なぜ～か」 — Because ... .「なぜなら…だから」／To ... .「…するために」

　　How about ～?「～はいかがですか」 — Sounds good.「いいですね」

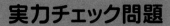

次の対話文は，理絵（Rie）さんと留学生のジェニー（Jenny）さんが，「日向（*Hyuga*）」と，「ひむか（*Himuka*）」ということばについて話をしているときのものです。（　①　）～（　⑤　）に最もよく当てはまる英文を，それぞれ下の**ア**〜**キ**から１つ選び，記号で答えなさい。

〈宮崎県〉

Jenny : I heard "*Hyuga*" was the old name of Miyazaki.　Is that true?

Rie　　: Yes, it's true.　(　①　)

Jenny : No, I don't.

Rie　　: Look at each *kanji of "*Hyuga*."　The kanji on the left means the sun, and that on the right means *facing.

Jenny : I see.　So "*Hyuga*" means facing the sun, right?

Rie　　: That's right.　(　②　)

Jenny : Yes, I have.　The word "*Himuka*" is used in many places, isn't it?

Rie　　: Yes, it is.　The kanji of "*Hyuga*" was read as "*Himuka*" in old days.

Jenny : Do you think that "*Hyuga*" comes from the word "*Himuka*"?

Rie　　: Yes, I think so.

Jenny : I can understand why people sometimes call Miyazaki "*Himuka.*"　Miyazaki is a nice place that has many sunny days all through the year.

Rie　　: (　③　)

Jenny : Really?　That's nice.

Rie　　: By the way, many Japanese people are interested in *solar energy.　It's one kind of clean energy.

Jenny : (　④　)

Rie　　: Many people in Miyazaki are becoming interested in it too.　I hear there are some schools with *solar panels in Miyazaki.　(　⑤　)

Jenny : That's wonderful.　I think people in Miyazaki should get more energy from the sun.

Rie　　: I agree, Jenny.

* kanji（漢字）　face（向かう）　solar（太陽の）　solar panel（ソーラーパネル）

ア　How long have you lived in Miyazaki?

イ　How about people in Miyazaki?

ウ　This is one environmental problem.

エ　Do you know what "*Hyuga*" means?

オ　Have you ever heard the word "*Himuka*"?

カ　We can also see many houses with them.

キ　In 2004, Miyazaki had the most sunny days in Japan.

① 99%
② 98%
③ 83%
④ 54%
⑤ 61%

長文読解（グラフのある問題①）

例 題 次の英文，グラフ（graph）について，あとの Question の答えとして最も適するものを，**ア〜エ**の中から１つ選び，その記号を書きなさい。　〈神奈川県〉

正答率
↓
73%

Four junior high school students watched some TV *programs last week. They are news, *dramas, *quiz shows, sports and *music shows. This graph shows the *percentage of time of the TV programs they watched. *Each student watched TV for ten hours last week.

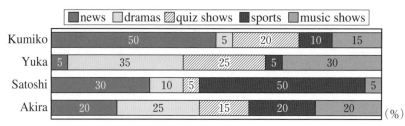

* programs（番組）　dramas（ドラマ）　quiz shows（クイズ番組）　music shows（音楽番組）
percentage（割合〈パーセント〉）　each（それぞれの）

Question : **What can we say from the graph?**

ア　Kumiko watched music shows for the shortest time of the four students.

イ　Yuka watched dramas as long as Akira.

ウ　Satoshi watched news for the longest time of the four students.

エ　Akira watched sports longer than Kumiko.

解き方・考え方　問いは「グラフから何が言えるか」という意味。各選択肢の意味をつかみ，その内容がグラフと合っているか考える。**ア**「クミコは4人の生徒の中で音楽番組を見た時間が最も短かった」サトシのほうが短いので不適切。**イ**「ユカはアキラと同じくらい長くドラマを見た」ユカのほうが長く見たので不適切。**ウ**「サトシは4人の生徒の中で最も長くニュースを見た」クミコが最も長く見たので不適切。**エ**「アキラはクミコよりも長くスポーツを見た」これがグラフと合う。

解答　**エ**

　入試必出!　**要点まとめ**

Baseball is <u>more popular than</u> soccer in America.
〈比較級＋than 〜〉「〜よりも…」　　「アメリカでは野球はサッカーよりも人気があります」

● **グラフのある問題では比較表現が使われることが多い。**
グラフを使った問題では，英文に比較表現が使われることが多いので，確認しておこう。
・〈比較級＋than 〜〉「〜よりも…」
・〈the＋最上級（＋名詞）＋in〔of〕〜〉「〜の中で最も…（なー）」
・〈as＋原級＋as 〜〉「〜と同じくらい…」

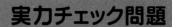

 61%　次の英文は，健二（Kenji）が，地域の図書館の利用状況を調べてグラフ（Graph）を作り，英語の授業で発表したときのものです。健二が発表のときに見せたグラフとして最も適切なものを，**ア**〜**エ**の中から一つ選びなさい。　　　　　　　　　　　　〈岐阜県〉

　　Have you ever used the library in our town? I often go there to read books or to study. The library is a wonderful place for people who like reading books or people who want to study. I sometimes stay there for a long time. One day, I asked a person working at the library how long people stay in the library when they visit it.

　　Please look at the graph. You can see more than 60% stay for *less than one hour. Among them, the number of people who stay for less than 30 minutes is larger. Those people don't stay very long because they just come to borrow or return books. Few people stay for more than three hours. People using the library for studying want to stay longer, but there is not enough *space for them now. *In addition, there are not enough computers to get some information.（後略）

* less than ～（～未満）　space（空間）　in addition（加えて）

ア
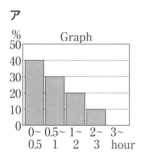

イ
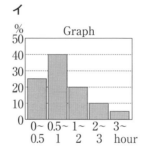

ウ
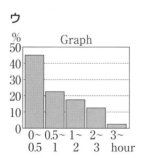

エ
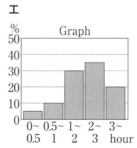

長文読解（グラフのある問題②）

例題

次のグラフ（graph）について，あとの Question の答えとして最も適するものを，**ア〜エ**の中から１つ選び，その記号を書きなさい。 〈神奈川県〉

正答率

75%

This graph shows *average temperatures of City A and City B from January to December in 2021.

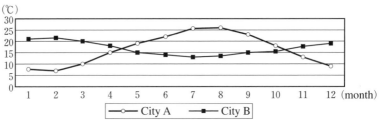

* average temperatures（平均気温）

Question : **What can we say from the graph?**

ア January was the coldest month in City A and City B in 2021.

イ City A was always hotter than City B from March to December in 2021.

ウ City A in July was hotter than City B in September in 2021.

エ City B in December was colder than City A in November in 2021.

解き方・考え方

問いの意味は「グラフから何が言えるか」。各選択肢の意味をつかみ，その内容がグラフと合っているか考える。**ア**「2021年に都市 A と都市 B では１月が最も寒い月だった」 都市 A は２月，都市 B は７月が最も寒かったので合わない。**イ**「2021年は３月から12月まで，都市 A が都市 B よりつねに暑かった」 ３月，４月，11月，12月は都市 B のほうが暑かったので合わない。**ウ**「2021年は７月の都市 A は９月の都市 B より暑かった」 ７月の都市 A は約25度，９月の都市 B は15度なので合う。**エ**「2021年は12月の都市 B は11月の都市 A より寒かった」 12月の都市 B は約20度，11月の都市 A は約13度なので合わない。

解答 **ウ**

　入試必出! **要点まとめ**

January was the coldest month in City A in 2022.

〈the ＋最上級＋名詞＋in 〜〉「〜で最も…な一」

「2022年は，都市 A では１月が最も寒い月でした」

● **折れ線グラフを使った問題では，最も高い〔低い〕点に注目しよう。**

折れ線グラフを見て答える問題では，最も高い〔低い〕点がどこかを問う問題がよく出る。気温のグラフなら hottest「最も暑い」，coldest「最も寒い」，数に関するグラフなら largest「最も多い」，smallest「最も少ない」などの最上級に注目して，英文とグラフが合っているか確認しよう。

次の英文を読んで，あとの問いに答えなさい。 〈宮崎県〉

Do you see any foreigners who travel around Miyazaki? A lot of foreigners have visited Japan to enjoy many things.

Please look at the graph below. It shows what these foreigners wanted to enjoy before they visited Japan. More than 50 percent of the foreigners wanted to enjoy shopping and Japanese food. Japanese food was the most popular among them. Also, hot springs were not as popular as scenery.

Miyazaki is a good place for sightseeing. We want more foreigners to know about Miyazaki. What can you do about this?

グラフの項目（　A　）～（　D　）に入る最も適切なものを，それぞれ次の**ア**～**エ**から1つずつ選び，記号で答えなさい。

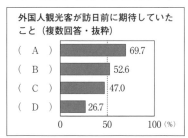

外国人観光客が訪日前に期待していたこと（複数回答・抜粋）

項目	値
（　A　）	69.7
（　B　）	52.6
（　C　）	47.0
（　D　）	26.7

（観光庁資料より作成）

ア 温泉　　**イ** 日本食　　**ウ** 風景　　**エ** 買い物

87% A （　　　）

81% B （　　　）

65% C （　　　）

69% D （　　　）

例題

正答率

↓

61%

次の英文について，あとの Question の答えとして最も適するものを，ア～エの中から1つ選び，その記号を書きなさい。　〈神奈川県〉

　　Masao *designed a *soccer shirt for his team. First, he *drew "2022" on the soccer shirt. Under "2022," he drew "Soccer Team." Then he drew "Kamome High School." "2022" is seen between "Kamome High School" and "Soccer Team."

　　*designed ～（～をデザインした）　soccer shirt（サッカー用シャツ）　drew ～（～を描いた）

Question : Which is the soccer shirt Masao designed?

ア
Kamome High School
2022
Soccer Team

イ
Soccer Team
2022
Kamome High School

ウ
Kamome High School
Soccer Team
2022

エ
2022
Kamome High School
Soccer Team

解き方・考え方

　問いは「マサオがデザインしたサッカー用のシャツはどれですか」という意味。he drew ～「彼は～を描いた」の表現に注目する。第2文から最後の文までを参照し，それらとイラストを照合する。第3文に「"2022" の下に "Soccer Team" を描いた」とあるので，**イ**と**ウ**は不適切。第5文に「"2022" は "Kamome High School" と "Soccer Team" の間に見られる」とあるので，**ア**と決まる。

解答 ア

 入試必出！ 要点まとめ

Yuki is standing next to Mary.「ユキはメアリーの隣に立っています」
　　　　　　　　　　「～の隣に」

● 英文に合うイラストを選ぶ問題では，場所を表す前置詞や熟語がよく使われる。
　英文に合うイラストを選ぶ問題では，イラストの中の人やものが，どこにいて〔あって〕，どういう状態かなどを表す表現がよく使われる。

場所を表す前置詞・熟語
・under ～「～の下に」
・near ～「～の近くに」
・between ～ and ...「～と…の間に」
・among ～「（3つ以上）の間に」

・on ～「～の上に，～に接触して」
・by ～「～のそばに」
・in front of ～「～の前に」
・behind ～「～の後ろに」

次の英文は，有紀さんとアメリカ出身のグリーン先生（**Mr. Green**）との会話です。有紀さんは写真の中のどの人物か。最も適当な人物を，**ア〜エ**から１つ選びなさい。

〈滋賀県〉

Yuki's picture

Mr. Green : Welcome back, Yuki. How was your trip to Australia?

Yuki   : It was wonderful. I stayed with a host family for a week. Here is a picture.

Mr. Green : Oh, everyone looks so happy.

Yuki   : Yes. The girl next to me is Jane.

Mr. Green : You mean the girl holding the cat?

Yuki   : That's right. We quickly became friends.

Mr. Green : Great. Please tell me more.

Yuki   : Sure. On the first day, speaking English was difficult for me, and I didn't know what I should talk about with my host family. I felt sad and wanted to go home.

Mr. Green : I see. What changed you?

Yuki   : The next day, Jane and I played tennis together. We talked about sports in easy English. That night I cooked Japanese food for Jane's family and they enjoyed it. I was happy because my host family and I could understand *each other a little. After that I tried hard to speak English.

* each other（互いに）

長文読解（イラストのある問題②）

例題

次の Clare と Jun の会話を読んで，下線部の this *kanji* が表す文字を，あとのア～エの中から1つ選び，その記号を書きなさい。 〈埼玉県改題〉

正答率
↓
絶対落とすな!!
83%

Clare : Look at this, Jun. What does this *kanji* mean? I think I've seen it before.

Jun : I don't know how to read it, but I think it is the name of a fish.

Clare : Oh, yes. Now I remember that I saw it at a *sushi* restaurant.

Jun : The left *part of the *kanji* means "fish," and the right part "spring." Some fish are good to eat in fall, and some in winter. This one should be good to eat in spring.

* part（部分）

ア 鮨　イ 鰆　ウ 鰍　エ 鮗

解き方・考え方

「この漢字」について説明している部分を，下線部のあとの部分から探す。ジュンの2番目の発言に「その漢字の左部分は『魚』を意味し，右部分は『春』を意味する」とあることから，**イ**とわかる。なお，それぞれの漢字は，**ア**「すし」，**イ**「さわら」，**ウ**「かじか」，**エ**「このしろ」と読む。

解答 **イ**

入試必出！ 要点まとめ

What does this *kanji* mean?　　　　　　　「この漢字は何を意味していますか」

The left part of the *kanji* means "tree," and the right part ⌐ ⌐ "spring."

means が省略

「その漢字の左部分は『木』を，右部分は『春』を意味します」
（できる漢字は「椿」）

● 下線部が表すイラストを選ぶ問題

イラストを説明している部分を本文から探そう。漢字を選ばせる問題もよく出題される。*kanji*, mean「意味する」などの語句を手がかりに，漢字を説明している部分を探そう。

the left part は「左部分」の意味で，漢字の偏にあたる部分になる。the right part は「右部分」の意味で，漢字の旁にあたる部分になる。

別冊 P. 11

71%　健（Ken）の通う中学校の英語の授業では，家から持ってきた宝物（treasure）を見せなが
ら説明し合う活動をしています。次の英文は，健がその活動で発表をしたときのものです。
あとの問いに答えなさい。　　　　　　　　　　　　　　　　　　　　　　　　〈岐阜県改題〉

　　This is a photo taken by my father on the *sports day when I was ten years old.
In this photo I'm running in the 50-meter *race.　Can you tell which boy is me?
This fourth one is me.　This photo is my treasure.　Why?　I'd like to talk about it.

　　One day, I said to my father, "I don't want to join the sports day because I have
to run in the 50-meter race.　I can't run fast."　He asked me, "Have you ever tried to
run faster?"　I answered, "No, I haven't.　I *am not good at sports."　He said, "I
don't want you to say such a thing."　I felt a little sad.　He said, "If you practice
running every day, you can run faster."　I could not believe it.　He said, "You have a
lot of time before the sports day.　I can help you, Ken.　How about running with me
every day after dinner?"　I said, "OK."

　　We started to practice running together in the park near our house the next day.
My father ran very fast.　It wasn't easy for me to run after him.　I got tired soon.　I
asked him, "Why can you run so fast?"　He answered, "Well, I was a member of the
*track and field club when I was a high school student."　I said, "Oh, really?　Can
you teach me how to run fast?"　He said, "Sure.　You should move your arms more
quickly.　Also, don't look at the ground when you're running."　My father knew a lot
about running.　I practiced for three weeks because my father always supported me.
Just before the sports day, he said, "Ken, you have practiced so hard.　Now you can
run faster.　But I want you to *remember an important thing."　He looked at me and
said, "Don't stop running before getting to *the finish line."

　　* sports day（運動会）　race（競走）　be good at ～（～が得意である）　track and field club（陸上部）
　　remember（覚えている，思い出す）　the finish line（ゴールライン）

下線部にあたるものを，ア～エの中から1つ選び，その記号を書きなさい。

ア　　　　　　　　イ　　　　　　　　ウ　　　　　　　　エ

長文読解（イラストのある問題③）

例題

正答率

↓

53%

次の英文は，恵子（Keiko）がある日の帰宅後の生活について書いたものです。英文の内容に合わせて，恵子が行動した順にA～Dの絵を並べ替えると，正しい順序はどれですか。　　　　　　　　　　　　〈岐阜県〉

　　When I came back home, I found that my room was not clean.　So, I started to clean my room.　I finished cleaning my room and called my friend Kazuko to ask her about my homework.　When I finished talking, I thought, "I will cook dinner this evening because *Mom will come back at about eight.　She may be surprised.　It's five o'clock and I will start cooking at six thirty."　So, I read the news on the Internet before starting to cook.

* mom（お母さん）

A  B  C  D

ア　A→C→B→D　**イ**　C→A→B→D　**ウ**　C→A→D→B　**エ**　A→C→D→B

解き方・考え方　　それぞれの絵が表す場面が書かれている文を本文から探し，前後関係を表す語句などに注意して，行動した順に並べ替える。まずAは，第1，2文に，帰宅したとき自分の部屋がきれいでないことがわかったので掃除し始めた，とあるので，これが帰宅直後の行動となる。次にCは，第3文に「掃除を終えてから友達のカズコに電話した」とあるので，A→Cの順となる。BとDの順番に注意する。最後の文に「料理し始める前にインターネットでニュースを読んだ」とあるので，D→Bの順となる。したがって**エ**が適切。

解答　エ

 入試必出! **要点まとめ**

I wrote a letter before going to bed.「私は寝る前に手紙を書きました」
　　　　　　　　　「～する前に」

● **時の前後関係を表す語句・表現に注目しよう。**
　イラストを，出来事が起こった順や本文のあらすじに従って並べ替える問題では，時の前後関係を表す語句・表現に注目しよう。
　　・start ～ing〔to ～〕「～し始める」　・finish ～ing「～し終える」　・after ～ing「～したあとで」

75%　ア～ウの絵は次の英文のある場面を表している。あらすじに従って並べ替えなさい。

〈鹿児島県改題〉

　　Many students were talking about Christmas vacation when Mary went into the classroom. Mary found Lucy at her desk. Mary smiled at her. Lucy smiled back at Mary, but she didn't look fine. Just then their teacher, Mr. Smith, came. He told the students about the *schedule of the day and said, "I have sad news for you. Lucy and her family will move to London. Tomorrow is the last day for Lucy at school." Mary didn't understand Mr. Smith. "What did he say? Is Lucy going to move before Christmas? Really?"

　　After Mr. Smith left the classroom, Mary went to Lucy and said, "Is it true?" Lucy looked very sad. Mary said, "I'm so sad. You didn't tell me such an important thing." Lucy said, "Well, ..." Mary couldn't stop saying, "I thought we were best friends." *Tears came out of Lucy's eyes and she walked away from Mary.

　　Mary didn't enjoy dinner that night. After dinner, she went to her room. Mary sat on the chair and looked at a beautiful blue *hat on the desk. Mary *said to herself, "Did my words make Lucy very sad?" Then her mother came into the room. "Oh, Mary, it's a very beautiful blue hat! Is it your present for Lucy?" her mother asked. "Well, yes, it was. Lucy has beautiful blue eyes. So this blue hat is wonderful for her. But Lucy will not want this now," Mary said. "What happened? Both of you have *exchanged presents at Christmas every year," her mother said. Mary began to tell her about Lucy at school. After her mother listened to Mary, she said, "Well, how about going to Lucy's house with me now? You should give the present to Lucy."

　　When Mary and her mother *arrived in front of Lucy's house, Mary said in the car, "Mother, I can't go to the door. Lucy doesn't want to see me." Her mother said, "I know how you are feeling. But don't worry. You can do it!" Mary was afraid but she got out of the car and went to the door. Soon Lucy's father came to the door. Lucy was not at home. Mary told him about the present and gave it to him. Lucy's father *hugged Mary and said, "Thank you very much. Lucy will be very happy."

　　The next morning, Mary saw Lucy at school. Lucy was wearing the blue hat. Lucy ran to Mary and hugged her. Lucy said, "I'm sorry, Mary. I didn't tell you about moving to London because I didn't want to *lose you. But I was wrong. Can you still be my best friend after I say goodbye to you?" Mary said, "Of course, we will always be best friends. Lucy, I'm also sorry. I didn't try to understand how you were feeling."

＊schedule（予定）　tear(s)（涙）　hat（帽子）　say to oneself（独り言を言う）　exchange（～を交換する）
arrive（到着する）　hug（～を抱きしめる）　lose（～を失う）

ア　イ　ウ

長文読解（表のある問題）

例題

正答率
↓
60%

Billとある女性（Woman）がバス停で話をしている。 (A) 及び (B) の中にそれぞれ入る語句の組み合わせとして正しいものは，**ア〜エ**のうちではどれか。ただし，下の表は，バスの時刻表の一部である。　　　〈東京都〉

Bill : Excuse me. I'd like to get to Motomachi Park. Which bus should I take?

Woman : Motomachi Park? Take the bus for (A) . It's nine forty-eight now. The bus will come soon.

Bill : Can you tell me where to get off?

Woman : Get off at Motomachi-zaka. It takes about twenty-five minutes. And then walk for about five minutes. You'll get to the park.

Bill : So will it take about (B) minutes from here?

Woman : That's right.

ア (A) Chuo Station
　 (B) thirty

イ (A) Chuo Station
　 (B) thirteen

ウ (A) Himawari Hospital
　 (B) thirty

エ (A) Himawari Hospital
　 (B) thirteen

For Chuo Station					For Himawari Hospital			
6	20	30	40	50	6	45		
7	00	15	30	45	7	10	35	
8	00	15	40		8	10	30	50
9	10	40			9	05	20	35	50
10	25	55			10	05	20	35	50
11	25	55			11	20	50		

解き方・考え方

(A) は，Bill の「モトマチ公園へ行きたいです。どのバスに乗ればいいですか」に答える文を考える。Take the bus for 〜. で「〜行きのバスに乗りなさい」の意味。直後の「今9時48分です。バスはまもなく来ます」がヒントになる。表を見ると，For Himawari Hospital のバスの時刻表に「9時50分」発がある。(B) を含む文は「ではここから約〜分かかりますか」という意味。直前の女性の発言に「(バスで) 約25分かかります。それから約5分歩きます」とあるので，所要時間は「約30分」となる。

解答 ウ

 入試必出！ 要点まとめ

<u>How many books</u> can we borrow? 「何冊借りられますか」
　「何冊」
— Six books. You can keep them for two weeks.

「6冊です。2週間，手元においておけます」

● **長文を読む前に，表にざっと目を通す。**
　先に表に目を通しておくと，何について述べられているかが推測できて，内容がつかみやすくなる。

● **数字のつづりをしっかり覚えておく。**
　thirteen「13」や thirty「30」など，つづりが紛らわしいものはしっかり覚えておこう。

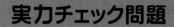

次の表を参考にして，遊園地での2人の対話文の（　　）に当てはまるものを，①については〔1〕の**ア～エ**から，②～④については組み合わせとして最も適切なものを〔2〕の**ア～エ**から，それぞれ1つずつ選び，記号を書きなさい。　　　　　　　　　　　　　　〈長野県〉

アトラクション	The Moon Trip	The Big Train	The River Trip	The Magic House
特徴	スリル満点	園内を周遊	水しぶきに注意	マジックショー200席の大ホール
条件	身長90cm未満または4歳以下は不可		身長100cm未満または6歳以下は不可	
所要時間	3分	15分	7分	40分
待ち時間	現在55分待ち	現在20分待ち	現在55分待ち	現在20分待ち

Taro　　：I want to take The River Trip. It looks so exciting.
Mother：You know, your brother Ken is （　①　） years old. So we can't.
Taro　　：Then how about （　②　）? He can ride on it.
Mother：Well, we have to wait for about one hour. I don't like that. I want to sit on a chair for a long time. Shall we go to （　③　）?
Taro　　：I think it is difficult for Ken. So let's take （　④　）. I hope he will like it.

79% 〔1〕**ア** 3　　**イ** 5　　**ウ** 7　　**エ** 9

72% 〔2〕**ア** ② The Magic House　③ The Big Train　④ The Moon Trip
　　　イ ② The Magic House　③ The Moon Trip　④ The Big Train
　　　ウ ② The Moon Trip　③ The Magic House　④ The Big Train
　　　エ ② The Moon Trip　③ The Magic House　④ The River Trip

長文読解（英文の質問に英語で答える①）

例題

正答率

70%

次の英文について，あとの Question の答えとして最も適するものを，**ア**〜**エ**の中から１つ選び，その記号を書きなさい。

One day Emily read an e-mail from her friend Ken.

Hi Emily,

I hear that our class will have an *exchange student from Australia. Her name is Alice. Mari and I are going to *plan a *welcome party for her. Could you join us? If you like, please come to Mari's house at ten o'clock in the morning next Saturday. At that time, we'll talk about the welcome party.

Ken

---

* exchange student（交換留学生）　plan 〜（〜を計画する）　welcome party（歓迎会）

Question : What can we say from this e-mail?

ア　Ken will not join the welcome party for Alice.

イ　Ken and Mari are going to have a welcome party for Alice.

ウ　Mari will talk about the welcome party for Alice with Ken and Emily in Ken's house next Saturday.

エ　Emily will have a welcome party for Alice next Saturday.

解き方・考え方

　問いは「私たちはこのメールから何が言えますか」という意味。選択肢の意味を正しくつかんで，本文と合っているか確認しよう。**ア**「ケンはアリスの歓迎会に参加しないだろう」　**イ**「ケンとマリはアリスの歓迎会をするつもりだ」　**ウ**「マリは今度の土曜日にケンの家でアリスの歓迎会についてケンとエミリーと話す予定だ」　**エ**「エミリーは今度の土曜日にアリスの歓迎会をする予定だ」　第３文に「マリとぼくは彼女（＝アリス）の歓迎会を計画中だ」とあるので，**イ**が適切。

解答　**イ**

 入試必出!　要点まとめ

Does Yuki speak English well? — Yes, she does.

└ Does 〜? の疑問文　　　　　　　　　　　└ does を使って答える

「ユキは英語を上手に話しますか」　　　　　「はい，話します」

● **英文の質問に合った答えの文を選ぶ。**

　英文の質問に英語で答える問題で，答えを選択する場合は，Yes/No で答える疑問文か，疑問詞のある疑問文かを考えて，適切な答えを選ぶようにする。

　①Yes/No で答える疑問文：

　　Do〔Does，Did〕〜? の疑問文⇒Yes, 〜 do〔does，did〕.／No, 〜 don't〔doesn't，didn't〕.

　②疑問詞のある疑問文：Yes/No を使わず，問われている内容を具体的に答える。

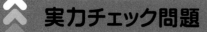

次の英文は中学生の由実（Yumi）が，英語のスピーチコンテストで発表した内容です。下の(1)～(3)の問いの答えとして最も適当なものを答えなさい。　〈山梨県改題〉

　　Do you have a *cell phone? Have you ever sent an e-mail? E-mail is popular now, but it's a new kind of communication. When we talk with our families at home and friends at school, we see their faces and hear their *voices. This is called "face-to-face communication." But when we use e-mail on our cell phones or the Internet, we don't see people's faces or hear their voices. We call this "*indirect communication."

　　Many people use cell phones and the Internet to send e-mail now. E-mail is useful because it is easy and fast. We can send e-mail to people when we aren't with them, and to people we have never met before. We can also *communicate with people living in foreign countries by e-mail. I think that "indirect communication" has made the world smaller.

　　"Indirect communication" is useful, but there are problems, too. For example, some students don't have time to study or talk with their families, because they use their cell phones too much. There are also people who use the Internet in bad *ways. They write bad things, but they don't write their own names. So we cannot know who wrote those words or why they were written. These are becoming big problems.

　　Now, I have a question for you. Do you think that we can always show how we feel through "indirect communication"? My answer is no. I will tell you why.

　　I studied hard, but I didn't do well on my *test last month. I was very sad. My father came home and saw my face. He asked me, "What happened?" I told him about the test. Then he smiled and said, "Don't worry. You did your best. You will do better next time." I was glad when I heard those words and saw his smile. His words made me happy because he understood how I felt. I could start studying again after that.

　　*Phrases like "Good morning," "See you," or "Thank you," are also very important in "face-to-face communication." Last week, my friend Kaori said, "Good morning," but her voice was small and she looked sad. I asked her, "What's wrong?" She said to me, "I have a problem with my sister." I listened to her story. Then she smiled and said to me, "Thank you for listening." I also felt glad when I saw her smile.

　　　　　*cell phone（携帯電話）　voice（声）　indirect（間接的な）
　　　　　communicate with ～（～と意思を伝え合う）　ways（方法）　test（試験）　phrases（表現）

79%　(1) What is a new kind of communication?
　　　　ア　Talking with people.　　イ　Faces and voices.
　　　　ウ　E-mail.　　エ　Phrases like "Good morning."

72%　(2) Does Yumi think that we can always show how we feel by e-mail?
　　　　ア　Yes, it is.　　イ　No, it isn't.　　ウ　Yes, she does.　　エ　No, she doesn't.

77%　(3) When did Yumi listen to Kaori's story?
　　　　ア　Yesterday.　　イ　Last week.　　ウ　Last month.　　エ　Last year.

例題

正答率
↓

59%

次の英文は，洋子と，隣に引っ越しをしてきたビルの会話です。この英文を読んで，あとの問いに答えなさい。 〈宮城県改題〉

Yoko : You and I will be students at the same high school. Where are you from?

Bill : I came from New York with my parents. My father will work at a *factory near here. So I had to leave my city and I feel a little sad now.

Yoko : I understand how you feel, but you will have a good time in this town.

Bill : Thank you. I am happy to hear that.

* factory（工場）

次の質問に対する答えを，本文の内容に合うように**英語**で書きなさい。
Where did Bill come from?

解き方・考え方　　　疑問詞から何が問われているかをつかみ，本文中から質問の内容と共通する部分を探し出して答えよう。質問は「ビルはどこから来ましたか」という意味。come from 〜 は「〜から来る，〜出身である」という意味。同じ表現がビルの最初の発言の第1文にある。I came from New York 〜. とあるので，「彼はニューヨークから来ました」と答える。

解答　（例）He came from New York.

　入試必出！ 要点まとめ

When did you come to Japan? — I came to Japan a month ago.

「いつ」…時を尋ねる疑問詞

「あなたはいつ日本に来ましたか」　　　　「私は1か月前に日本に来ました」

● **英文の質問に英語で答える問題では，疑問詞を使った疑問文がよく出る。**
それぞれの疑問詞の意味をおさえ，何が問われているかをしっかりつかもう。

疑問詞	意味	疑問詞	意味
what	何が〔を〕	why	なぜ
who	だれが，だれを〔に〕	how	どのようにして（手段・方法）
which	どちら（が），どれ	how many	いくつ（数）
when	いつ	how much	いくら（価格）
where	どこで〔に〕	how long	どのくらい（期間）

次の文を読んで，問いに答えなさい。

〈奈良県改題〉

Yuki : Welcome, Mike. Was it difficult to find my house?

Mike : No. It was easy to get here. Thank you for the map. This is a present for your family, a *calendar of Canada. Here you are.

Yuki : Wow. This calendar has beautiful pictures of mountains and lakes. Thank you.

Mike : You're welcome. Oh, that *deer *antler by the window looks like the one my mother has.

Yuki : You mean your mother has a *tsunozaiku* in Canada?

Mike : Yes. My mother said it's a *traditional *craftwork of Nara. She bought it when she was in Japan.

Yuki : Oh, your mother was in Japan?

Mike : That's right. She came to Nara about twenty years ago, and taught English. She said she liked giving *deer crackers to the deer in Nara Park. I also enjoy it.

Yuki : The deer in Nara Park are *natural treasures. Their long antlers *are cut off at a special *event, and some of them are used to make *tsunozaiku*.

Mike : My mother's *tsunozaiku* *was made of those antlers, too. She loved it and brought it home with her. Many good things have happened to her since then. She believes that it has made our family happy.

Yuki : That's nice. Does your mother often talk about Japan?

Mike : Yes, she does. She talks about Japanese foods, the Japanese *way of life and many people she met in Nara. I've been interested in your country for a long time.

Yuki : I see. You learned a lot from your mother, and now you're studying in Japan.

Mike : Yes. Learning about Japanese culture is interesting to me. I want you to learn about my country, too.

Yuki : I am interested in your country. Please tell me about Canada. I may visit you in Canada in the future.

> *calendar（カレンダー） deer（シカ〈単複同形〉） antler（角） *tsunozaiku*（角細工）
> traditional（伝統的な） craftwork（工芸品） deer cracker（シカ用のせんべい）
> natural treasure（天然記念物） be cut off（切り取られる） event（行事）
> be made of ～（～で作られている） way（習慣）

次の〔1〕，〔2〕の問いに３語以上の英語で答えなさい。ただし，コンマやピリオドなどは語数に含めないこと。

75% 〔1〕When did Mike's mother come to Nara?

66% 〔2〕Does Mike enjoy giving deer crackers to the deer in Nara Park?

長文読解（本文の内容と合うものを選ぶ）

次の文章を読んで，本文の内容に合っているものを，あとの**ア**～**エ**のうちから1つ選び，その記号を書きなさい。　　　　　　　　〈千葉県改題〉

　　Karen is from America and teaches English in Japan.　She likes *traditional Japanese things.　Now she is interested in *furoshiki*, Japanese wrapping cloths.　They have a lot of colors and *patterns.　There are also many *sizes of Japanese wrapping cloths.　They *can be folded small, so Karen always has a Japanese wrapping cloth with her.　When she goes shopping, she uses it as a bag.　So she doesn't use any *plastic bags.　At school, she often uses the wrapping cloth to carry her books to her classes.　It is also used as a *scarf, a *wall hanging, and a *tablecloth.　So Karen thinks it is like a "*magic cloth."

* traditional（伝統的な）　*furoshiki*, a Japanese wrapping cloth（ふろしき）　pattern（模様，柄）
size（サイズ）　can be folded small（小さくたためる）　plastic bag（ビニール〔ポリ〕袋）
scarf（スカーフ）　wall hanging（壁掛け）　tablecloth（テーブルクロス）　magic cloth（魔法の布）

ア　Karen is an American teacher who teaches the Japanese language.
イ　Karen usually carries a lot of Japanese wrapping cloths in her bag.
ウ　Karen always uses plastic bags in stores.
エ　Karen uses a Japanese wrapping cloth at her school.

　　細かい部分にとらわれず，文の流れを読み取ること。第9文の At school, ～. から，**エ**の「カレンは学校でふろしきを使っている」が適切。

　（要約）日本で英語を教えているカレンは，伝統的な日本のものが好きで，いつもふろしきを1枚持ち歩いている。買い物に行くときは袋として使い，学校では本を運ぶのによく使っている。ふろしきにはほかにも用途がたくさんあり，カレンは「魔法の布」のようだと思っている。

解答　**エ**

入試必出！ 要点まとめ

Emi gave me a bag.　⇒　I was given a bag by Emi.
　能動態　　　　　　　　〈be動詞＋過去分詞 ～ by …〉…受動態（受け身）
「エミは私にかばんをくれました」　「私はエミにかばんをもらいました」

● 言いかえ表現
　内容正誤問題では，本文の内容が言いかえられていることがある。よくある表現を確認しておこう。
・「『～してください』と言う」⇒「～するように頼む」
　She said to me, "Please open the door."　⇒　She asked me to open the door.
　「彼女は私に『ドアを開けてください』と言いました」　「彼女は私にドアを開けるように頼みました」
・「～したあとで…する」⇒「…する前に～する」
　I played tennis after I studied English.　⇒　I studied English before I played tennis.
　「私は英語を勉強したあとでテニスをしました」　「私はテニスをする前に英語を勉強しました」

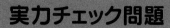

次の英文は，博人（Hiroto）が書いたスピーチの原稿です。これを読んで，本文の内容に合っているものを，**ア～エ**の中から一つ選びなさい。　　　　　　〈福島県〉

　　Do you often think you know about something that you haven't experienced *directly? I want to talk about this today.

　　I went to London during this summer vacation with my family. This was my first trip to a foreign country, so I was looking forward to it. I wanted to know about London, so I *searched for information about it on the Internet. I was able to see many famous things on the Internet before the trip.

　　In London, we went to some popular places, for example, *Buckingham Palace and *Tower Bridge. I already saw them on the Internet, but they looked bigger and more beautiful to me when I saw them directly. I was moved! When I walked around, I saw a lot of people from different countries, too. Then, we went to a restaurant to eat *local dishes. They were very new to me, but I enjoyed them. When we finished our dinner and left the restaurant at about nine in the evening, I found one strange thing. It was not dark *outside! I was very surprised. In Fukushima, it is dark at nine in July, but it is not in London! This was the most interesting thing to me. I enjoyed this trip very much because I was able to discover new things.

　　After the summer vacation, I told my classmates about my trip to London in an English class. Many of them liked my story and I was glad. After school, one of my classmates came to me and said, "I really enjoyed your story. I love *Harry Potter, and I'm very interested in London. Can you tell me more about your trip?" In fact, I was surprised when she came to talk to me. Before that, we didn't talk, and I thought she was not interested in foreign countries. But that was not right. She knew a lot about London. We talked about my trip and Harry Potter. When we were talking, she said to me, "Traveling abroad is a good way to study, but I have never been to a foreign country. I was glad to talk with you." I discovered new things about her on that day.

　　You can get information about many things on TV and the Internet, and you often think you know about people around you before talking to them. But you can discover new things when you experience something directly. I want to remember this idea and experience a lot of things in the future.

＊directly（直接に）　search for ～（～を検索する）　Buckingham Palace（バッキンガム宮殿〈ロンドンにある宮殿〉）　Tower Bridge（タワーブリッジ〈ロンドンにあるテムズ川にかかる橋〉）　local dishes（その土地の料理）　outside（外で）　Harry Potter（ハリー・ポッター〈英国人作家の小説に登場する主人公〉）

ア　Hiroto wanted to search for information about London before the trip, but he could not.

イ　When Hiroto had local dishes in London for the first time, he asked people from different countries about them.

ウ　Hiroto went to talk with one of his classmates because he wanted to know about Harry Potter.

エ　When Hiroto talked to one of his classmates after school, he found that she knew many things about London.

長文読解（本文の内容に合う文を完成させる）

例題

正答率
↓
66%

本文の内容に合うように，下の英文の（　　）の中に入る最も適当なものをア〜エから１つ選び，その記号を書きなさい。　〈千葉県改題〉

　　Tim is an *ALT from Australia. *On his first visit to Kyoto, his friends said that he should see *Kinkaku-ji, the Golden Temple, and *Ginkaku-ji, the Silver Temple. So he first visited Kinkaku-ji and found that the temple *was covered with *gold. He *was very impressed with the beautiful golden color of the temple.

　　Next, he took a bus to Ginkaku-ji. He left the bus and started to walk. But he *soon found that he didn't know where he was. Just then, he saw some students and asked them for help. They were junior high school students who came to Kyoto from Chiba on a school trip. One boy said, "We are going to Ginkaku-ji. Why don't you join us?" Tim was very happy to hear that. He talked *a lot with the students. *At last they came to Ginkaku-ji. Tim thanked them for their help.

＊ALT（外国語指導助手）　on his first visit to Kyoto（彼が初めて京都を訪れる際に）
Kinkaku-ji, the Golden Temple（金閣寺）　Ginkaku-ji, the Silver Temple（銀閣寺）
be covered with 〜（〜でおおわれている）　gold（金ぱく）　be impressed with 〜（〜に感動する）
soon（すぐに）　a lot（たくさん）　at last（ついに）

Tim asked some students for help because（　　）.
　ア　he didn't know which bus he should take to Kinkaku-ji
　イ　he didn't know how to get to Ginkaku-ji
　ウ　they were junior high school students from Kyoto
　エ　they were coming back from Ginkaku-ji

解き方・考え方　先に問いに目を通し，何を答えればよいか考えておく。問いは「ティムは数人の学生に助けを求めました，なぜなら（　　）だからです」。第２段落第３文に「自分がどこにいるかわからないことに気づきました」とあるので，**イ**の「彼は銀閣寺への行き方がわからなかった」が適切。

　　（要約）ティムは最初に金閣寺を訪れ，次にバスで銀閣寺に向かった。バスから降りて彼は道に迷った。数人の学生に助けを求めると，彼らも銀閣寺に行くところだったのでいっしょに行った。

解答　**イ**

 入試必出！ 要点まとめ

He asked me how to get to the park. ⇒ He asked me the way to the park.
　　　　　　　　＿＿＿＿＿＿＿＿＿＿　　　　　　　　　　　　　　＿＿＿＿＿＿＿
　　　　　　　　「〜への行き方」　　　　　　　　　　　　　　　　　「〜への道」
　　　　　　　　　　　　　　　　　　　　　　「彼は私に公園への行き方〔道〕を尋ねました」

● **内容一致文完成では言いかえ表現が使われることがある。**
　本文の表現が言いかえられていることがあるので，言いかえ表現や反意語を覚えておこう。
①There is〔are〕B in A. ⇒ A has〔have〕B.「A には B がある」
②can 〜 ⇒ be able to 〜「〜できる」　③easy「易しい」⇔difficult「難しい」
④〜 after ...「…したあとで〜」⇒... before 〜「〜する前に…」

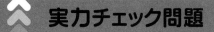

次の対話文を読み，下の(1)〜(3)の英文の内容が本文の内容に合うように，〔　　〕のア〜エの中から，最も適当なものをそれぞれ１つずつ選び，その記号を書きなさい。〈愛媛県改題〉

Kazuo and Ayako are talking with Mr. Davis, their English teacher, in the classroom after school.

Kazuo : Mr. Davis, thank you very much for talking about your *town in Canada in today's class.

Mr. Davis : You're welcome. Did you enjoy it?

Kazuo : Yes, I did. I like the pictures you showed us. I really want to go to your town and enjoy its beautiful *nature.

Mr. Davis : I hope you'll come to my town in Canada. It's very beautiful. This town is beautiful, too. I like this town as much as mine.

Ayako : Really? I'm glad to hear that. *I'm very proud of the beautiful nature in my town. Please look at that mountain over there from the window. We can see beautiful flowers there. A lot of people come to see them. But we have a problem.

Mr. Davis : Oh, what?

Ayako : There's a lot of *litter on the mountain.

Mr. Davis : I see. Some people *leave their litter on the mountain, right?

Ayako : Yes. It always makes me sad.

Mr. Davis : I know how you feel.

Ayako : I want people to understand it's a very bad thing. What can we do?

Kazuo : They have to take their litter with them when they go home. So let's make a *sign which tells them to do so.

Ayako : That's a good idea. Where should we put it?

Kazuo : A lot of people come to this town by train. So I think we should put it in the station.

Ayako : I agree. And I think we should put another sign in the *parking lot in the mountain. People coming to the mountain by car can also see it. They will not leave their litter in the mountain.

Kazuo : I hope so. Let's make nice signs and put them in those places. Could you help us, Mr. Davis?

> *town（町）　nature（自然）　be proud of ～（～を誇りに思う）　litter（ごみ，くず）
> leave ～（～を置いていく）　sign（看板）　parking lot（駐車場）

(1) 69% Mr. Davis talked about 〔ア　beautiful nature in Japan　　イ　the beautiful flowers in the mountain　　ウ　Kazuo's town　　エ　his town〕in today's class.

(2) 70% Ayako wants people to 〔ア　be proud of her town　　イ　come to the mountain by car　　ウ　take their litter with them when they go home　　エ　clean the station when they go home〕.

(3) 75% Kazuo and Ayako are going to put the signs in 〔ア　the station and the parking lot　　イ　the school and the parking lot　　ウ　the station and the school　　エ　the station, the parking lot and the school〕.

長文読解（テーマ・主題を選ぶ①）

例題

正答率

↓

56%

次の英文は，ある学校の英語新聞の中の記事の1つです。この記事のタイトル（見出し）として適切なものは，次のうちどれですか。　〈岐阜県〉

Izumien is a home for *elderly people. The *student council has made a plan to visit it next month. The date will be Tuesday, August 8. At *Izumien*, we will sing songs, talk with the people there and do many other things. It will be fun to meet and talk with elderly people. Will you join us? If you want to go there with us, please come to the student council room after school.

* elderly people（お年寄り）　student council（生徒会）

ア　We Want Volunteers to Visit *Izumien*

イ　A Plan to Visit the Student Council

ウ　Would You Like to Go to School with Us?

エ　Let's Make a Home for Elderly People

解き方・考え方

　タイトルは全体のまとめとなることを表す。本文の最初か最後の部分にまとめが書かれていることが多い。最後の部分より，**ア**の「私たちはイズミエンを訪問するボランティアを求む」が適切。

　（要約）生徒会は老人ホームのイズミエンを来月訪れる計画をたてました。イズミエンでは歌を歌ったり，お年寄りと話したり，ほかにもたくさんのことをします。参加したい人は，放課後，生徒会室に来てください。

解答　ア

　**入試必出！ 要点まとめ**

I learned that helping each other was very important.

「私は〜ということを学んだ」…新たに学んだことや知ったことを述べるときに使う。

「私は，お互いに助け合うことはとても大切だということを学びました」

● **テーマ・主題を選ぶときは，本文の最初か最後の部分に注目する。**

　テーマや主題は，最も言いたいことや，文全体のまとめとなることを表すものである。本文の最初か最後の部分にまとめや言いたいことが書かれていることが多いので，その部分に注目しよう。そして，まとめとしてふさわしい表現をそこから探し，テーマ・主題が何かをつかむようにしよう。

1 次の文章は，英語の授業で Toshio が行ったスピーチの内容です。　　　〈東京都〉

> What do you do in your free time? Maybe you like to watch TV or listen to music. I often go out with my dog, Hachi, in my free time. He looks at my face when he wants to go out with me. Hachi gives me many chances to talk with people.
>
> Last Sunday I went to the park near my house with Hachi in the afternoon. When I was walking with Hachi, I met some people playing with their children there. I didn't know those people, but they spoke to me. They asked me, "What is his name?" and "How old is he?" I answered the questions and told them about Hachi. And I talked about many other things with them. I had a good time with them.
>
> *Thanks to Hachi, I can meet many people and enjoy talking with them. I'd like to know what you do in your free time. Thank you.

* thanks to ~（～のおかげで）

76% Toshio がこのスピーチの中で最も伝えたいことは，次のうちではどれか。

ア　Toshio thinks maybe people in his class like to watch TV or listen to music.
イ　Hachi looks at Toshio's face when he wants to go out with Toshio.
ウ　Hachi gives Toshio many chances to enjoy talking with people.
エ　Toshio met some people playing with their children in the park.

2 次の文章は，英語の授業で Naoko が行ったスピーチの内容です。　　　〈東京都〉

> I want to study about flowers. They are small, but they are important to people. For example, we often give flowers as presents. We often bring flowers when people are in the hospital. Through flowers, we can show people our love.
>
> When I was a little child, my father and mother often took me to the mountains. My father usually didn't talk much, but in the mountains, he was different. When he was walking with me, he taught me many things about flowers. His stories about them were very interesting, and I asked him many questions about them. We enjoyed talking. My mother looked very happy then.
>
> My father sometimes *picked small flowers which grew in our garden and made *pressed flowers. Later, he gave them to me. One day my mother *whispered to me, "When your father was young, he often gave me pressed flowers. He didn't talk much, but I understood his feelings through the flowers. I felt very happy." Flowers have been very special for me since I was a little child.

* pick（摘む）　pressed flower（押し花）　whisper（ささやく）

64% Naoko がこのスピーチの中で最も伝えたいことは，次のうちではどれか。

ア　Naoko's father talked much when he was in the mountains.
イ　Naoko likes flowers, so she often gives them to people she loves.
ウ　Naoko's family often go to the mountains to study about flowers.
エ　Flowers have been special for Naoko, and she wants to study about them.

長文読解（テーマ・主題を選ぶ②）

例題

次の英文は，ある学校の英語クラブの生徒が，イギリスからの短期留学生のために書いた文章の一部です。これは，何について説明したものか。最も適切なものを**ア**～**エ**の中から1つ選び，その記号を書きなさい。　　〈岐阜県〉

正答率
↓
絶対落とすな!!
94%

　　If you are in the building, find a way to go outside quickly.　Be careful when you move.　In the classroom, you must not run to the door.　Don't *push other people.　If you push them, they may get injured.　Don't go near the fire.　When you get outside, find your friends from your class and stay with them.　Don't go into the building again.

* push（押す）

ア　教室掃除の方法　　　　**イ**　災害時の避難方法
ウ　給食を教室へ運ぶ方法　**エ**　理科の実験方法

解き方・考え方　　短期留学生に伝えたいことが，命令文や you must not ～「～してはいけません」の文で書かれている。それらの内容は「避難経路を見つける」「出口に走ったり，人を押したりしてはいけない」「火のそばに行ってはいけない」など。したがって，**イ**が適切。

解答　**イ**

 入試必出!・要点まとめ

I think that we should learn more about nature.

「私は～と思う」…自分の考えや思いを述べるときに使う。
「私は，私たちは自然についてもっと学ぶべきだと思います」

● **テーマ・主題を述べるポイントになる語（句）や構文**
①〈主語＋learn (that) ～.〉「―は～ということを学ぶ」
→新たに学んだことや知ったことを述べるときに使う。
I learned that helping each other was very important.
「私は，お互いに助け合うことはとても大切だということを学びました」
②〈主語＋find (that) ～.〉「―は～ということがわかる」
→気づいたことや理解したことを述べるときに使う。
I found that good music made us happy.
「私は，よい音楽は私たちを幸せにするということがわかりました」
③〈It is ～ for ― to ... .〉「―にとって…することは～だ」
It is important for us to do something for the earth.
「私たちにとって地球のために何かすることは大切です」

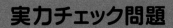

 1 82% 次の文章は，何について書かれているか。あとの**ア〜エ**のうちから最も適当なものを1つ選び，その記号を書きなさい。　　　　　　　　　　　　　　　　　　　　　〈千葉県〉

One day, one of the students in my new class spoke to me for the first time. "I read your *poem in English class yesterday, Kevin. I like it very much." "Thanks ...," I said. "I've always felt *the same as you, but I didn't know how to *express *my feeling. I wanted to say that you expressed it *perfectly in your poem," she said. I was glad to hear that and asked, "Do you want to read other poems I wrote, Ellen?" Since that day, we have talked about poems a lot. And now we are good friends.

* poem（詩）　the same as 〜（〜と同じように）　express（〜を表現する）　my feeling（私の感情）
perfectly（完ぺきに）

ア　ケビン（Kevin）が初めて詩を書いたいきさつ
イ　エレン（Ellen）が完ぺきな詩を完成したいきさつ
ウ　ケビンとエレンが詩をとおして仲良くなったいきさつ
エ　ケビンとエレンが詩をとおして仲直りしたいきさつ

 2 71% 次の英文の表題として適切なものを，下の**ア〜エ**から1つ選び，その記号を書きなさい。
〈高知県〉

Do you know how much *garbage the Japanese people make every day? Now it is one *kilogram for each person. About 50% of the garbage is from kitchens. There is a lot of food we have not eaten in our kitchen garbage. What can we do to make the garbage smaller? I think that we should eat all the food we get. Don't *waste any food.

* garbage（ゴミ）　kilogram（キログラム）　waste（〜を浪費する）

ア　日本のゴミ削減の提案　　**イ**　日本のゴミの再利用法
ウ　日本のゴミの年間総量　　**エ**　日本のゴミ処理の特徴

長文読解 (下線部の内容を答える①)

次の英文の下線部における筆者の気持ちとして最も適当なものを，**ア～エ**の中から１つ選び，その記号を書きなさい。　〈鹿児島県〉

正答率

絶対落とすな!!

83%

　　My family went to the *Port of Kagoshima to enjoy the *fireworks on August 23 last year. The next morning, my father and I got up early to clean the port as volunteers. When we got there, many other volunteers were working hard. I heard that there was *less garbage than the *previous year, but working for an hour was hard for me. When we finished the work, I felt very happy. <u>Mt. Sakurajima looked beautiful in the morning sun.</u>

　　　　　*port (港)　firework(s) (花火)　less garbage (より少ないゴミ)　previous (前の)

ア　たくさんのゴミを見て悲しい気持ち
イ　朝早く散歩をしてすがすがしい気持ち
ウ　花火大会が終わってさびしい気持ち
エ　清掃活動に参加してさわやかな気持ち

解き方・考え方

　　下線部の前の部分から，どういう出来事があってこのような気持ちになったかを読み取る。直前の文に「その作業を終えたとき，とてもうれしく感じた」とあるので，**ア**と**ウ**は不適切。the work は「清掃活動」を指すので，**エ**が適切。
　（要約）花火大会の翌朝，父と港の掃除のボランティア活動をした。前年よりはゴミは少ないと聞いたが，１時間の作業は大変だった。作業を終えたときはとてもうれしく，桜島が朝日にきれいに見えた。

解答　**エ**

入試必出! ・ 要点まとめ

Yumi, you look <u>happy</u>. — Yes. <u>I've just finished doing my homework.</u>

　　　　　　　　　　　　　　　　→宿題をやり終えてほっとしている気分

「ユミ，うれしそうね」　　　　　「ええ。たった今宿題をやり終えたところなの」

● **下線部の意味をつかみ，直前・直後の文に注目して，答えとなる部分を探す。**
　下線部の内容を答える問題では，下線部の意味をしっかりつかんだうえで，何が問われているかを確認しよう。「気持ち」を読み取る問題では，前後の文脈から登場人物の心の動きをしっかり読み取るようにしよう。
　・感情を表す形容詞　happy「幸せな，うれしい，楽しい」，glad「うれしい」，sad「悲しい」，excited「わくわくした」，surprised「驚いた」

● **選択肢が与えられている場合は，下線部の内容として適切かどうか１つ１つ確認する。**
　下線部の表す内容，理由などを答える問題で，答えが選択肢で与えられている場合は，下線部の内容，理由として適切かどうか，本文と照らし合わせて確認しよう。本文の内容と合わないものは消去していこう。

1 81% 次の英文を読んで，あとの問いに答えなさい。　　　　　　　　　　　　〈新潟県改題〉

　　Mr. Nojima always listens to his *patients very well.　Sick people often talk about their problems and he doesn't stop them.　One day, a woman visited his hospital.　She had a headache for a long time.　She told him about her hard life.　It was a long story.　When she finished talking, he said, "I understand you.　You are great because you are *fighting against your headache."　When the woman heard it, she smiled and said, "Thank you.　I'm very happy because you understand my *feelings.　I still have a headache, but I feel much better now."

*patient（患者）　fight against ~（~とたたかう）　feelings（気持ち）

下線部分について，その女性はなぜそのように言ったのか，その理由として最も適当なものを，次のア〜エから1つ選び，その記号を書きなさい。

ア　ノジマ先生が診察をしてくれて，自分の病名がわかったから。
イ　ノジマ先生が出してくれた薬を飲んで，自分の病気が治ったから。
ウ　ノジマ先生が，趣味に関するおもしろい話をしてくれたから。
エ　ノジマ先生が，話をよく聞いてくれ，自分の気持ちを理解してくれたから。

2 次の英文を読んで，あとの問いに答えなさい。 〈鹿児島県改題〉

　　*Grandpa is seventy-five years old and can not walk.　He needs a *wheelchair every day.　Life is not easy for him.　But sometimes <u>something good</u> *happens.

　　One day, my *grandparents went on a trip.　In a hotel, Grandma was *pushing Grandpa in his wheelchair.　He wanted to use the *restroom, but he was much heavier than Grandma.　So it was hard for her to get him out of his chair.　They looked around for someone who looked strong and kind.　Soon a man came and said, "Do you need help?"　Grandma said, "He wants to use the restroom but I can't get him out of the chair."　The kind man was not large, but he took Grandpa to the restroom and got him out of the chair.　In a few minutes he got Grandpa back in his seat and they returned.

　　After my grandparents said, "Thank you so much," the man turned and walked away.　Then, Grandpa was very surprised to find something about the man.　He was walking with two *prosthetic legs.

*grandpa（祖父）　wheelchair（車イス）　happen（起こる）　grandparents（祖父母）　push（〜を押す）
restroom（トイレ）　prosthetic leg(s)（義足）

下線部の具体例として本文中に述べられていることを，次の**ア**〜**エ**の中から1つ選び，その記号を書きなさい。
ア　祖父母が海外旅行に招待されたこと
イ　祖父母が食事会に出席して楽しんだこと
ウ　見知らぬ男性が車イスの祖父を助けたこと
エ　見知らぬ男性が祖父の車イスを修理したこと

3 次の対話の文章を読んで，あとの問いに答えなさい。 〈東京都〉

　　Jasmine, a student from London, Mizuki, and Keisuke are talking in their classroom.　Their English teacher, Mr. Hara, has just come.
Mr. Hara : Good morning, everyone.　Jasmine, you look very happy today.　Do you have any good news?
Jasmine : Yes.　I found my *muffler!
Keisuke : Oh, did you?　You lost it yesterday, right?　Where was it?
Jasmine : On a *mailbox near the station.　I think someone *picked it up and put it there for me.　It was *folded *neatly.　I'm really happy because that muffler is very special to me.　My mother made it and gave it to me when I left London.　<u>I'd like to tell that person my *feelings.</u>
Mr. Hara : That's good news.　The person who put it there hoped that you would see it there.
Mizuki : You're lucky, Jasmine.　When I walk in the city, I sometimes see a baby shoe or a *glove put on a mailbox or on the *branch of a tree.　I think such an *act is small.　But I feel something warm and kind in it.
Keisuke : Me, too.　Such an act shows that the person has a kind heart.

Jasmine : That's right. Our acts can sometimes show our hearts.

Keisuke : I had an experience, too. Last Sunday I gave my seat to an old woman on a train, but I was so *shy that I couldn't speak. I stood up and gave her my seat. She smiled and said to me, "Thank you." I was very happy then. I said, "You're welcome." I agree, Jasmine.

Mizuki : I think small acts sometimes become the beginning of good communication, too.

Mr. Hara : That's a good point. Words are very important in communication, but small acts can sometimes show our feelings and make us happy, too.

Keisuke : We feel happy when we are helped by someone, and we also feel happy when we help someone.

Mizuki : Yes, when we help each other in our *community, the *circle of kind acts becomes bigger.

Keisuke : I think so, too.

Mr. Hara : That makes our community better.

＊muffler（マフラー） mailbox（ポスト） pick 〜 up（〜を拾う） fold（たたむ） neatly（きちんと） feelings（気持ち） glove（手袋） branch（枝） act（行為） shy（恥ずかしい） community（地域社会） circle（輪）

<u>I'd like to tell that person my feelings.</u> とあるが，このときの Jasmine の気持ちを次のように書き表すとすれば，　　　　　の中に下のどれを入れるのがよいか。

I'd like to say to that person, "　　　　　."

ア　Thank you

イ　You're lucky

ウ　You're welcome

エ　Here's your muffler

長文読解（下線部の内容を答える②）

例題

正答率

79%

次の文章を読んで，あとの問いに答えなさい。

〈福岡県改題〉

　　The members looked happy when they were playing the *taiko*. The sound of the *taiko* was very exciting to Yuko. She asked Mr. Yamamoto, "How long have you played the *taiko*?" He answered, "I've played it for about sixty years." "Why have you played it for such a long time?" she asked.

　山本さん（Mr. Yamamoto）が下線部のように答えたのは，裕子（Yuko）のどのような問いかけに対してか。その内容を本文中からさがし，日本語で答えなさい。

解き方・考え方

　下線部は「私はそれを約60年間演奏しています」という意味。for about sixty years と期間を表す語句があるので，直前の文の How long have you played the *taiko*? を日本語にして答

える。How long 〜? は「どれくらい（の間）〜？」と期間を尋ねる疑問文。

解答　（例）どれくらい太鼓を演奏しているのですか。

　入試必出！・ 要点まとめ

There are so many flowers here. I'm surprised.

直前の文が驚いている理由を表す　　　　　　　　「ここにはとてもたくさんの花がありますね。驚きました」

● **下線部の表す内容，理由などは，前後の文に注目する。**

　下線部の表す内容，理由などは，前後の文に注目し，文脈を追って答えとなる部分を探し出そう。また，How about you?「あなたはどうですか」という質問の具体的な内容を問う問題もよく出される。

I like watching movies. How about you?

「あなたはどうですか」→「あなたは映画を見るのが好きですか」

I'll tell you something important. If we help each other, we can make our world better.

下線部の具体的な内容を表す

「あなたに大切なことを言います。もし私たちがお互いに助け合えば，私たちは私たちの世界をもっとよくすることができます」

● **日本語で答えるときは，条件に合った答え方で答える。**

　下線部の内容を日本語で答えるときは，設問文をよく読んで，条件などを確認して答えるようにしよう。字数制限がある場合はそれを必ず守ること。

　また，something important（大切なこと）などの内容を答える問題がよく出されるが，文末を「〜こと」で終わるようにまとめよう。該当箇所をそのまま日本語に訳して答えないようにしよう。

N--

1 〈56%〉 次の英文は，孝夫が，英語クラブの活動で，インド（India）から北海道の大学に留学中のラビ（Ravi）にインタビューをしたときのものです。これを読んで，問いに答えなさい。

〈北海道改題〉

Takao ： I'd like to hear about your life in Hokkaido. Do you enjoy living here?

Ravi ： Yes! People are kind to me. I don't understand the Japanese language well, but people always help me. I'm also enjoying sports I've never tried in India, for example, *canoeing and skiing. I'm having a good time here.

Takao ： <u>That's wonderful</u>! Now, what are you studying?

Ravi ： I'm studying *agriculture. India has a large *population, and it's important to have *enough food for everyone in our country. So, I've studied very hard in Hokkaido.

Takao ： I hope you'll learn many new things about agriculture.

　こぐこと）　agriculture（農業）　population（人口）　enough（十分な）

いる理由を，本文の内容から考えて，次のように表す場合，
適当なものを，**ア〜エ**から選びなさい。

know [　　　　].

apanese people

life in Hokkaido

e Japanese language well

rts he has tried in India

□□ は、ゆく人だ。

2 82%

次の英文は，和夫（Kazuo）君が，授業で「夏休みの思い出」について発表するために書いた原稿です。あとの問いに答えなさい。 〈宮崎県改題〉

Do you know *Toi-misaki*? *Toi-misaki* is my favorite place in Miyazaki. It is famous for its *wild horses. The *ocean view which can be seen from *Toi-misaki* is so beautiful. Today I'd like to introduce something you can enjoy near *Toi-misaki*. Please look at the picture I painted. This picture always reminds me of my exciting experience there. This fish is *Tobiuo*. It is called flying fish in English. We can't catch this fish without a boat. This type of fishing is a little different from common fishing. We catch not only the fish swimming in the sea, but the fish flying above *the surface of the water, with *nets. This fishing can usually be enjoyed at night.

トビウオ

I went fishing with my family this summer. The local fisherman took us to the best fishing *location. We took a boat ride for about 30 minutes. When we arrived there, the fisherman *turned on the light. Soon some fish gathered under the light and suddenly started to fly. At first I didn't know what to do because I was so surprised to see them. Then the fisherman showed me how to catch them. He was very kind. We enjoyed fishing for an hour and a half. It was so much fun. We caught 10 flying fish and ate them later. They tasted good. If you've never tried this fishing, why don't you give it a try? This is my favorite memory of my summer vacation. How about you?

* *Toi-misaki*（都井岬） wild（野生の） ocean（海） *Tobiuo*（トビウオ）
the surface of the water（海面） net（すくい網） location（場所） turn on ～（～をつける）

下線部 How about you? が意味する内容を表している文として，最も適切なものを，次のア～ウから１つ選び，記号で答えなさい。

ア What do you think of my summer vacation?
イ What's your favorite memory of your summer vacation?
ウ I'd like to say, "Thank you for listening."

3 次の英文は，中学生の知子（*Tomoko*）と ALT のグリーン先生（*Ms. Green*）とのドラッグストアでの会話である。これを読んで，〔1〕～〔3〕に答えなさい。 〈佐賀県改題〉

Tomoko : Hello, Ms. Green.

Ms. Green : Hello, Tomoko. Oh, you have *diapers! Why do you need them?

Tomoko : Last month my sister had a baby.

Ms. Green : Oh, that's nice. Is the baby a boy or a girl?

Tomoko : It is a boy, and his name is Tadashi.

Ms. Green : What does the name "Tadashi" mean?

Tomoko : 〔1〕Tadashi means "right" in English. His parents hope that he will do the right thing.

Ms. Green : That's a nice name. Are your parents happy, too?

Tomoko : Of course, they are very happy to have their first *grandchild.

Ms. Green : I see. How does he look? Is he cute?

Tomoko : Yes, he is very cute and small. Tadashi always sleeps when he finishes drinking milk. 〔2〕But sometimes he cries when he wants us to change his diapers. I think he can *communicate with us by crying.

Ms. Green : 〔3〕What do you do when he cries? Have you changed his diapers?

Tomoko : No, my sister says I can't do it because I'm too young. So when he cries, I can only smile at him and speak to him.

Ms. Green : Then, does he do anything when you speak to him?

Tomoko : Yes, he always gives a beautiful smile back to me, and tries to say something. I'll be happy if I can understand what he wants to say.

Ms. Green : I think you already communicate with him without using any words. Smiles are sometimes more important than words when we communicate with others.

Tomoko : Is that so? Then I will smile more often at him and become good friends with him. I want Tadashi to have a good life.

* diaper(s)（おむつ）　grandchild（孫）　communicate with ～（～と気持ちを伝えあう）

(50%) 〔1〕下線部〔1〕について，赤ちゃんの両親はどのような願いを込めて彼を名付けたか。日本語で書きなさい。

(66%) 〔2〕下線部〔2〕について，どのようなときにその赤ちゃんは泣くか。日本語で書きなさい。

(66%) 〔3〕下線部〔3〕について，知子は具体的に何をすると言っているか。日本語で書きなさい。

長文読解（指示語の内容を答える①）

修と留学生のメアリーが，わさび（wasabi）について次のような会話をしています。この英文を読んで，あとの問いに答えなさい。

〈宮城県改題〉

Mary : When I was watching a *TV program about Japanese food, I saw a green food. People were eating *sashimi* with it. Do you know what it is?

Osamu : I think it is *wasabi*. As you know, Japan is an island country, so Japanese people eat a lot of fish from the sea. We eat *sashimi* with *soy sauce and *wasabi*.

　　　　　　　　　　　　　　　　*TV program（テレビ番組）　soy sauce（しょう油）

下線部の it の示す内容として最も適切なものを，次のア〜エから1つ選び，記号で答えなさい。

ア　a TV program　　イ　a green food
ウ　*sashimi*　　　　エ　soy sauce

解き方・考え方　「人々はそれといっしょに刺身を食べていました」の「それ」が指すものを考える。it は前に出た単数のものを指す。選択肢のうち前の文にある単数のものは，a TV program と a green food。文脈に合うのは a green food となる。次の修の発言から，これは「わさび」のことだとわかる。

解答　イ

🌲🌲🌲 入試必出！ **要点まとめ**

I lost my pen. I'm very sad because I liked it. I have to buy a new one.

my pen を指す　　　別の1本の pen を指す

「私は自分のペンを失くしました。気に入っていたので，とても悲しいです。私は新しいのを買わなければなりません」

● **指示語が指すものは，前の文に注目する。**
　指示語が指すものを探すときは，まずその指示語が何を指す語か（単数のものを指す語か複数のものを指す語か）を考える。指示語や代名詞は，同一文や前文に出た語（句）を指す場合が多いので，その文に注目して，文脈に合う適切なものを探す。

● **代表的な指示語**
　①「人」を指す指示語・代名詞：・he, his, him（1人の男性）　　・she, her（1人の女性）
　　　　　　　　　　　　　　　　　　・they, their, them, those（複数の人々）
　②「もの」を指す指示語・代名詞：
　　　・it, its（1つのもの），they, their, them, those（複数のもの）…前に出た名詞と同じものを指す。
　　　・one（1つのもの）…前に出た名詞と同種のものを指す。

1 68% 次は，アメリカからの留学生のジェリー（Jerry）が英語の授業で行ったスピーチの原稿です。英文を読んで，あとの問いに答えなさい。　　　　　　　　　〈大阪府〉

Hello, everyone. Today I'd like to talk about my dream.

I love animals and my dream is to work in a zoo. In a zoo, people with different kinds of *jobs work together. Some people *keep animals, and some work for visitors. Among the jobs, I've found an interesting one.

In New York, there is a big and famous zoo. In the zoo, there are many *exhibits to show its 4,000 animals.

*job（仕事）　keep（飼育する）　exhibit（展示）

次のうち，本文中の one が表している語として最も適しているものはどれか。1つ選び，記号を書きなさい。

ア　animal　　イ　job　　ウ　visitor　　エ　zoo

2 61% 次の対話は，高校生の亜矢子とアメリカから来た留学生のサラが，放課後に学校の教室でブラウン先生の送別会（*farewell party）のメモを見ながら話したものの一部です。これに関して，あとの問いに答えなさい。　　　　　　　　　〈広島県〉

Ayako : Are there any good games for the party?

Sarah : Well, I don't know much about games. How about singing songs with him, instead? He taught us many English songs in the club. So we can sing some songs with him.

Ayako : Great idea! Let's talk with the other members about your idea tomorrow. Then look at the *note again. Before taking pictures with Mr. Brown, we'll give him a video as a present. We're going to make it.

Sarah : Sounds good. Before coming to Japan, some of my friends made a video and gave it to me. In the video, each of them talks to me. I sometimes watch it and I feel happy.

Ayako : Wonderful! I'm glad to hear that. Now I know we've *made a good choice for him. Let's make a good video. Thank you, Sarah.

*farewell party（送別会）　note（メモ）　make a good choice（よい選択をする）

本文中の下線部について，その内容を表している最も適切なものを，次のア～エの中から選び，その記号を書きなさい。

ア　Sarah is happy to join the farewell party for Mr. Brown.

イ　Sarah is happy to sing some English songs with Mr. Brown.

ウ　Sarah is happy to watch the video she got from her friends.

エ　Sarah is happy to make a good video with the club's members.

長文読解（指示語の内容を答える②）

例題

日本で冬休みを過ごしカナダに帰ったケイト（Kate）と，日本にいるユリ（Yuri）が電話で会話をしています。よく読んで，あとの問いに答えなさい。なお，あとの注を参考にしなさい。　　　　　　　　　　　　　〈長崎県改題〉

正答率 ↓

64%

Kate : I was a little sick after coming back to Canada, but now I'm good.

Yuri : Maybe you had a cold. It was very cold in Japan last week.

Kate : I don't think I had a cold, but I could not sleep well at night for two or three days. Do you know that the time difference between Tokyo and *Ottawa is fourteen hours?

Yuri : Really? I didn't know <u>that</u>. Oh, wait. It's eight thirty in the evening, on February 21. Then, in Canada, it's...

　　　　　　　　　　　　　　　　　　　　　* Ottawa（オタワ〈カナダの首都〉）

下線部の指す内容を，日本語で書きなさい。

解き方・考え方　　「私は<u>それ</u>を知りませんでした」の「それ」that が指すものを日本語で答える問題。直前でケイトが Do you know that ～? 「あなたは～ということを知っていますか」と言っているので，下線部の that は〈～〉にあたる the time difference between Tokyo and Ottawa is fourteen hours を指すとわかる。これを日本語にして答える。

解答　東京とオタワの時差が14時間であること。

 入試必出！ 要点まとめ

<u>Ken helped his mother yesterday.</u> That made her happy.

that「そのこと」は直前の文を指す
「ケンは昨日母親を手伝いました。そのことが彼女を喜ばせました」

● **文の内容を指す指示語**

　this, that, it は語（句）以外に，文の内容全体を指すこともある。

　I can't use a computer. <u>This</u> is my problem.

　　「私はコンピュータが使えません。<u>これ</u>が私の問題です」

　He doesn't clean his room. I don't like <u>it</u>.

　　「彼は自分の部屋を掃除しません。私は<u>それ</u>が気に入りません」

● **指示語の指すものは質問の形に合わせて答える。**

　指示語の指すものがわかったら，英文の語（句）や文をそのまま抜き出すのか，日本語にして答えるのかなど，質問の形に合わせて答えよう。また，ただ日本語に訳すだけでなく文末を「～ということ」にする必要がある場合もあるので，設問文に合わせて答えよう。

53% 次の英文を読んで，あとの問いに答えなさい。 〈新潟県〉

My name is Sato. I live in *Hokkaido. I am a doctor for *wild animals. Have you ever seen wild animals? I think you have seen them on TV or in the zoo. Wild animals should live in *nature. So nature is an important thing that we must *protect. I learned this when I was very young.

When I was a small boy, my family often went to the mountains. We had a very good time and I learned many things. When I was six years old, my family got big news. My father was going to work in *France and we were going to live there. We were all happy with <u>this news</u>. We lived in France for about eight years and enjoyed the life there very much. We really enjoyed the nature of France. (後略)

＊Hokkaido（北海道） wild（野生の） nature（自然） protect ～（～を守る） France（フランス）

下線部分はどのようなニュースか，具体的に日本語で書きなさい。

  53% 次の文は，高校で農業を学んでいるゆりえさんが，県の英語スピーチ大会で発表した英文の一部です。これを読んで，あとの問いに答えなさい。 〈兵庫県〉

I study how to *grow *vegetables at high school. Growing them is not easy, but I feel happy when they become big. We love our vegetables very much, so we want many people to eat them. We talked about things we could do. One of my classmates, Kumi, said, "How about school lunch? Our vegetables can be used to make lunch for children." We all liked the idea but did not know what to do about it. So we asked our teacher. He said, "Do you know about 'town meetings'? You can tell your idea to our *mayor. He wants to have new ideas for this town." <u>We all thought we should do it.</u>

Kumi and I went to the meeting. At the meeting, there were about fifty people but we were the only students. I told the mayor about our idea. He liked it very much. A month later, we heard the news. Some *elementary schools in the town were going to use our vegetables for their school lunch. We were very excited.

＊grow（育てる） vegetable(s)（野菜） mayor（市長） elementary school(s)（小学校）

下線部に関して，itが表す内容として適切なものを次のア～エから1つ選んで，その記号を書きなさい。
ア to ask their teacher to make school lunch with their vegetables
イ to ask their teacher to go to the town meeting
ウ to ask the mayor to eat their vegetables
エ to ask the mayor to use their vegetables for school lunch

長文読解 (指示語の内容を答える③)

例題

正答率
↓

60%

次の英文の下線部が指す内容を，本文中から5語で抜き書きしなさい。

〈秋田県改題〉

To Akio

　When you can't understand me, please ask me to speak again.　I will be very happy if you <u>do so</u>.　I will show you some useful expressions.　I hope you will use them to *communicate in English.

* communicate (伝え合う)

解き方・考え方

「私はあなたがそうしてくれたらとてもうれしいです」の「そうする」が指す内容を，5語で抜き書きして答える。直前の文に When you can't understand me, please ask me to speak again.「私の言うことがわからないときは，私に もう一度話すように頼んでください」とあるので，do so が指す動作とは，ask me to speak again だとわかる。「5語」で答えることに注意する。

解答　ask me to speak again

入試必出!　**要点まとめ**

You should have breakfast every morning.　If you don't do so, you can't think well.

　　　　「あなたは毎朝，朝食を食べるべきです。もしそうしないと，よく考えることができません」

● **代動詞 (do, does, did) や副詞 (there, then) が指すものを確かめよう。**

　英文でも日本文でも，同じ語句のくり返しを避けるために，2回目以降の文では，代名詞や代動詞，there (そこで)，then (そのとき) などの語を使うことが多い。英文を読むときは，それらの語が指すものを考えながら読む習慣をつけよう。

　代動詞 (do, does, did) は前に出た動詞の代わりに使われる語で，前に出た〈動詞＋語 (句)〉を指す。

　there (そこで) は前に出た場所を表す語 (句) を，then (そのとき) は前に出た時を表す語 (句) を指す。

60% 次の英文を読んで，あとの問いに答えなさい。　　　　　　　　　　　〈広島県〉

Maki is a high school student. She went to *New Zealand and stayed with the Jackson family last March. In the family, there were Mr. and Mrs. Jackson and their child, Emily. She was as old as Maki.

One night, Maki showed *some pieces of *colored paper to the Jackson family and asked them, "Do you know *origami*?" Emily answered, "Yes, but I've never tried." Maki said, "Look. This is a paper *crane. Cranes are famous birds in Japan." Emily said, "Wow, it's beautiful. I want to try." She began to *fold a paper crane and Maki helped her. But Emily couldn't do it well. She said, "It's very difficult." Maki said, "Don't worry. You can do it." About ten minutes later, Emily finished folding her paper crane. She said, "Father, look at this!" Mr. Jackson said, "It looks a little different but it's very good."

Then Mrs. Jackson asked Maki, "Do you know our national bird, *kiwis?" Maki said, "No. What do they look like?" Mrs. Jackson answered, "They have long *bills but their *wings are very small. So they can't fly. Look at this picture." Mrs. Jackson showed it to Maki. Maki said, "Oh, it's very *cute. I want to see one." Mr. Jackson said, "OK. Let's go to the bird park this Sunday!" It was exciting for Maki to see kiwis.

On Sunday afternoon, they went to the bird park by Mr. Jackson's car. In the park there were many kinds of birds and other animals. Maki was surprised because there weren't *cages and the *fences were very short. Maki took many pictures of them. Then they went to the kiwi house. Mr. Jackson said, "Maki, we can't take pictures <u>here</u> because kiwis are very *sensitive. We can usually see them only at night because they are *nocturnal. Now they are in the *dark room. Shall we go and see them?" Maki said, "OK. I understand." Then they went into the house. Maki said, "Oh, I can't see anything. Are there any kiwis?" Emily answered, "Wait, we can see them soon." Maki said, "OK. Oh, I've found some kiwis. Wow, they have really long bills! And they are bigger than I thought." Maki had a really good time in the park.

After the dinner in the park, it was already dark. They took Maki to the mountain near the park. Emily said, "I want to show you something. Come here." Maki was surprised and said, "Oh, we can see a beautiful *night view of your town. And look at the sky! There are many stars. Thank you very much. I had a wonderful time today."

＊New Zealand（ニュージーランド）　some pieces of ～（何枚かの～）　colored paper（色紙）
crane（ツル〈鳥の一種〉）　fold（折る）　kiwi（キーウィ〈鳥の一種〉）　bill（くちばし）　wing（翼）
cute（かわいい）　cage（鳥かご，〈動物の〉おり）　fence（塀）　sensitive（敏感な）
nocturnal（夜行性の）　dark（暗い）　night view（夜景）

本文中の <u>here</u> はどこを指しているか。本文中から３語の最も適切な英語を抜き出して書きなさい。

例題

正答率
↓
絶対落とすな!!
91%

次の英文は，アンが，友人の恵美 (Emi) にアメリカから送ってきたEメールです。この中で，アンが恵美に頼んでいることは何か。最も適切なものをア〜エの中から1つ選び，その記号を書きなさい。　　　　〈岐阜県〉

　　Hello, Emi.　Thank you for finding a hotel in Takayama for my mother and me.　I understand that you are busy and can't come to Takayama with us.　Don't worry.　I think we can go there without you.　But I need to know how to get to Takayama from Nagoya.　Please tell me about it.

ア　アンの母親に会うこと
イ　高山へいっしょに行くこと
ウ　高山で宿泊するためのホテルを予約すること
エ　名古屋から高山への行き方を教えること

解き方・考え方　　「アンが恵美に頼んでいること」を答える。本文最後の Please tell me about it. 「それについて私に教えてください」という依頼の表現に着目し，it が指す内容を考える。it は直前の文 の how to get to Takayama from Nagoya 「名古屋から高山への行き方」を指すので，アンが恵美に頼んでいることは，**エ**となる。

解答　**エ**

　**要点まとめ**

I want to live in a foreign country in the future.　That's <u>my dream</u>.
　　　　　　　　　　　　　　「私は将来外国に住みたいです。それが私の夢です」

● **設問文にあるキーワードをたよりに，本文から該当箇所を探す。**
　例えば「〜の夢は何か」という設問文からキーワードを見つけて，それを手がかりに該当箇所を探せば，英文全体を読む必要はない。この文では，dream「夢」をキーワードにして，キーワードが出てくる箇所を探せば答えが見つかるはずだ。

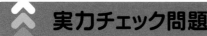

 1 70% 次は，オーストラリアに住む，あなたの友人であるEmilyから届いたメールです。この内容に合うものを，あとの**ア〜エ**から1つ選んで，記号で答えなさい。〈埼玉県〉

Hi! How are you?

Last week, I was looking at some photos. My father took them when he went to Osaka to see his old friend. In one of them, he was standing in front of a large castle. In another photo, he was eating Japanese food. I was very interested in his trip there, so I asked him about it.

He said he stayed in Osaka for five days in August two years ago. It was his first time in Japan. The castle in the photo is Osaka Castle. My father went there with his friend, and he was very glad to see the castle. His friend showed him around the castle, and took him to a beautiful shrine. Then, they ate *takoyaki* and *okonomiyaki* at a famous restaurant in Osaka. When my father and I were looking at the photos, he said, "I'll take you to Osaka next time."

I want to go to many countries all over the world. Japan is one of them. Are you interested in any cities or countries abroad? Where do you want to go in the future?

ア Emilyと彼女の父は，2年前にいっしょに大阪へ行った。
イ Emilyの父は，5日間大阪に滞在した。
ウ Emilyの父は，一人で大阪城周辺を散策した。
エ Emilyは，彼女の父にたこ焼きとお好み焼きをつくった。

 2 65% アメリカに留学しているYujiは友人のJohnから次のe-mailを受け取りました。この中でJohnがYujiに頼んでいることはどのようなことか。下の**ア〜エ**から一つ選び，その記号を書きなさい。〈高知県〉

Hi, Yuji.

I'm sorry, I can't meet you at three this afternoon because I haven't finished my homework yet. Now I have to go to the library and borrow some books.

Can you meet me at seven this evening? I'll finish it by then. I'll call you later.

Thanks,
John

ア 終わっていない宿題を手伝うこと。
イ 図書館から本を借りること。
ウ 待ち合わせの時間を変更すること。
エ あとで電話をかけること。

長文読解（内容について日本語で答える②）

次の英文は，高校生の涼太が，アメリカに帰国したスミス先生に書いた手紙の一部です。これに関して，あとの問いに対する答えを，日本語で書きなさい。

正答率

↓

75%

Dear Ms. Smith,

　I would like to thank you very much for your English classes.　When I tried to speak English in your class, you always *praised me.　I really enjoyed them for a year.

　At first, I was very *nervous in your class.　*In fact, when you asked me some questions, I didn't say any words and always just smiled.　I didn't want to *make mistakes in front of my classmates.

* praise（ほめる）　nervous（緊張して）　in fact（実際）　make mistakes（間違える）

涼太は，スミス先生の授業をどのくらいの期間受けましたか。

解き方・考え方　　「期間」を答えるので，本文から期間を表す語句を含む文を探す。3～4行目に I really enjoyed them for a year.「私は1年間本当にそれらを楽しみました」とある。「それら」が指す内容は，文脈と，them が複数のものを指す代名詞で

あることから，最初の文の your English classes「あなたの英語の授業」とわかる。涼太がスミス先生の授業を受けた期間は「1年間」となる。

解答　1年間

入試必出！　要点まとめ

I thought that I should know more about our culture.

I thought (that) ～.「私は～と思った」

「私は，私たちの文化についてもっと知るべきだと思いました」

● 設問文でよく使われるキーワード
　① 「何を考えたか」「どう思ったか」
　　〈主語＋ thought (that) ～.〉「…は～と思った」の〈～〉の部分に，具体的に思った〔考えた〕ことが書かれている。
　② 「何を学んだか」
　　〈主語＋ learned (that) ～.〉「…は～ということを学んだ」の〈～〉の部分に，具体的に学んだことが書かれている。
　③ 「どう感じたか」
　　〈主語＋ felt (that) ～.〉「…は～と感じた」の〈～〉の部分に，具体的に感じたことが書かれている。

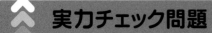

1 71% 中学生の加奈 (Kana) は，同じクラスの伸二 (Shinji) から，アメリカにホームステイした時の話を聞いている。これを読んで，あとの問いに答えなさい。　　　〈佐賀県〉

Shinji : Well, it was interesting to ride American buses.
Kana : American buses? Please tell me more.
Shinji : Well, first, American buses are good for people who don't have much money. If you have just one *dollar, you can ride a bus in the city.
Kana : Only one dollar? I'm surprised!
Shinji : And when a man in a *wheelchair wants to ride the bus, the *driver helps him. Also, the bus has a *space for a man in a wheelchair.

＊dollar（ドル〈アメリカの通貨単位〉）　wheelchair（車いす）　driver（運転手）　space（空間，スペース）

車いすに乗った人にとって，アメリカのバスの良い点を2つ日本語で書きなさい。

2 55% 次の英文を読んで，あとの問いに答えなさい。　　　〈宮崎県〉

　　When you see an English word you've never seen before, what should you do? One of the best ways is to look up the word in a dictionary.

　　A dictionary will teach you the *meanings of words. It will also teach you how to *pronounce them and how to use them. A good dictionary will give you many examples which show you how to use the words. They will help you use English *correctly.

　　Good English learners use their dictionaries in English classes and at home for reading and writing in English. Once you learn how to use a dictionary, it will be easier for you to learn and use English.

＊meaning（意味）　pronounce（～を発音する）　correctly（正しく）

この英文を書いた人が伝えようとしている内容を，30字以内の日本語でまとめなさい。

長文読解（文の並べ替え）

正答率
↓
72%

　　On Sundays my family members usually stay at home. My parents and I enjoy our *hobbies. My father makes useful things like boxes and chairs. ☐ We enjoy talking when we are walking there.

* hobbies (hobby（趣味）の複数形)

ア　But sometimes we go to the park together.
イ　My mother makes cakes, and I read books.
ウ　We usually enjoy doing these different things.

**解き方
考え方**

　「日曜日には私の家族のメンバーは，たいてい家にいます。両親と私は自分たちの趣味を楽しみます。父は箱やいすのような役に立つものを作ります。☐私たちはそこを歩いているときにおしゃべりを楽しみます」の空らんに入る文を並べ替える。まず最初に，父親の趣味に続いて母親と自分の趣味について述べているイ「私の母はケーキを作り，私は本を読みます」がくる。ウの

these different things は3人の趣味を表すので，イのあとはウ「私たちはたいていこれらの違うことをして楽しみます」がくる。最後にア「でもときどき私たちはいっしょに公園へ行きます」がくる。空らんの直後の文の there はアの the park を受けることになり，うまくつながる。

解答　イ→ウ→ア

　**要点まとめ**

I saw <u>many foreign people</u> in <u>Asakusa</u>.

$\boxed{\text{They}}$ were enjoying shopping $\boxed{\text{there}}$.

前に出た複数の人を指す　　　　　前に出た場所を指す

「私は浅草で多くの外国人を見ました。彼らはそこで買い物を楽しんでいました」

● **文を並べ替える問題では，代名詞やthereが指すものに注目する。**
　文を並べ替える問題では，代名詞や副詞の there などが何を指しているかに注目して，前後の文とのつながりを考えるようにする。代名詞 he〔she〕は前に出た1人の男性〔女性〕を指し，there「そこで〔に〕」は前に出た場所を表す語句を指す。

● **接続詞なども文の並べ替えのポイントとなる。**
　文と文を結ぶ接続詞も，文を並べ替えるときの手がかりとなる。and「そして」，but「でも」，so「それで，だから」などに注目しよう。

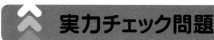

61% 次の英文を読んで，あとの問いに答えなさい。 〈愛媛県改題〉

Kenji and Akira were in the same junior high school. They were good friends. One day Akira said to Kenji, "Let's go *fishing next Sunday." "That sounds great. But I have never gone fishing *before," said Kenji. "That's all right. I'll teach you how to fish. Fishing is really fun," said Akira. They decided to meet in the park at two o'clock the next Sunday.

The Sunday came. Kenji was waiting for Akira in the park. It was two o'clock, but Akira didn't come. Kenji waited and waited. It was three o'clock. Akira still didn't come. Kenji got *angry and left the park.

That evening Kenji *had a phone call from Akira. But he didn't *answer the phone. Kenji's mother said, "Kenji, you didn't talk with Akira. *What's the matter?" "I waited for him in the park for more than an hour, but he didn't come. So I went to Akira's house, but there were no people in the house. I don't understand why he didn't call me this morning if he couldn't come today," Kenji said. "Now I know why you are angry. But Akira is your best friend. You should talk with him at school tomorrow," his mother said.

The next day at school, Akira came to Kenji and said, "I'm sorry, Kenji, but yesterday I ..." Kenji knew he should listen to his friend, but he was still angry. "I don't want to talk with you. I waited for you, but you didn't come," he said, and went away. After that, they didn't talk to *each other.

Two days later, Kenji was talking with his friend, Junko, after school. She said, "Akira doesn't look happy. He is still worrying about his father." "What are you talking about?" Kenji said. "Last Sunday his father was taken to the hospital. I heard it from my mother. I thought you knew it," she said. Kenji was surprised to hear the news. Junko said, "I hear Akira's father is still sick in bed." Kenji thought, "*Maybe Akira wanted to tell me about it, but he couldn't because I went away."

After talking with Junko, Kenji went to Akira's house. He said to Akira, "I heard about your father from Junko. ⬚⬚⬚⬚⬚⬚⬚ I'm very sorry." Akira said, "I'm sorry I didn't come last Sunday. Well, my father will come back home from the hospital tomorrow. He is *getting better. Can you go fishing with me next Sunday?" Kenji smiled and said, "Oh, sure. Let's get big fish for your father."

*fish（釣りをする）　before（以前に）　angry（怒った）　have a phone call（電話がある）
answer（〈電話に〉出る）　What's the matter?（どうしたの。）　each other（お互いに）　maybe（たぶん）
get better（〈病気が〉よくなる）

空らんに入る4つの文が，順不同で，次の①～④に示されている。意味の通る英文にするのに最も適当な並べ方を，次のア～エの中から1つ選び，その記号を書きなさい。

① But I was angry and didn't listen to you.

② So you couldn't come to the park.

③ You had to take care of him at the hospital.

④ You tried to tell me about your father.

ア　①→②→④→③　　イ　①→④→②→③　　ウ　③→①→④→②　　エ　③→②→④→①

長文読解（適切な語句を選ぶ）

例題

正答率

50%

次の文章を読んで，あとの問いに答えなさい。　　　　　〈千葉県改題〉

　　Last month, Henry visited Japan for the first time and stayed at Naomi's house for two weeks. The day before he returned to his country, Naomi and her family wanted to give him a *traditional Japanese *fan as a *souvenir. Henry said he liked her family's fan with the beautiful picture on it, but Naomi didn't know which one he meant (　　) her family had many fans. "Which one do you mean?" she asked him. "That one your father was using," Henry said.

　　　　　　　　　　　　* traditional（伝統的な）　fan（うちわ）　souvenir（おみやげ）

本文中の空らんに入る最も適当なものを，次の**ア〜エ**のうちから１つ選び，その記号を書きなさい。

ア before　　**イ** because　　**ウ** if　　**エ** until

解き方・考え方

　接続詞を選ぶ問題なので，前後の文のつながりを考える。直後の「彼女の家族はうちわをたくさん持っていた」は直前の「ナオミは彼がどのうちわのことを言っているのかわからなかった」の理由を表しているので，because「なぜなら〜

だから」が適切。**ア**「〜する前に」，**ウ**「もし〜ならば」，**エ**「〜するまで」は文脈に合わないので，不適切。

解答　**イ**

入試必出!・要点まとめ

My mother was cooking dinner ｜ when ｜ I came home.

　　　　　　　　　　　　「〜したとき」…接続詞→when

　　　　　　　　　　　　　　「私が帰宅したとき，母は夕食を調理していました」

● **前後の文脈から考えて，空らんにあてはまる語を選択する。**

　空らんの前後を見ただけで，文法や熟語の知識で解ける場合もあるが，そうでない場合は前後の文脈から考えて，あてはまる語を選択する。

● **適語選択でよく使われる接続詞**

・and「そして」　　・but「しかし」　　・or「または」　　・so「それで」

・when「〜するとき」

・because「なぜなら〜だから」

・if「もし〜ならば」

・after「〜したあとで」　　・before「〜する前に」

・though「〜だけれども」

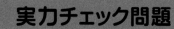
1　次の文章を読んで，あとの問いに答えなさい。　　　　　　　　　　　　〈千葉県改題〉

　　Jim's class *went on a field trip last week.　In the afternoon he *played catch with Bill.　He *missed Bill's ball and went to look for it.　"Come here, Bill!" Jim said.　"What happened, Jim?"　"Look!　I've (　A　) a *dinosaur egg!" Jim looked happy.　"I think it's just a *stone," Bill said.　"Do you remember the *model of a dinosaur egg Ms. White showed in her science class?"　"Of course, I do.　But I don't think it is so easy to find a dinosaur egg."　"All right, Bill.　I will take this to Ms. White tomorrow and show it to her."　"Well, you should be careful when you (　B　) such a big stone in your bag."　"It's an egg, not a stone!" Jim said.

　　＊ go on a field trip（遠足に出かける）　play catch（キャッチボールをする）　miss（〜を捕りそこなう）
dinosaur egg（恐竜の卵）　stone（石）　model（模型）

本文中の（　A　）（　B　）の中に入る最も適当なものを次のア〜エのうちからそれぞれ1つずつ選び，その記号を書きなさい。

76%　A　ア　bought　　イ　lost　　ウ　found　　エ　left

65%　B　ア　see　　　　イ　lose　　ウ　feel　　　エ　carry

2　**62%**　次の文章を読んで，あとの問いに答えなさい。　　　　　　　　　〈千葉県改題〉

　　I am a junior high school student.　Last year the *Volleyball World Cup *was held in my city, and a lot of volunteers were needed for the *event.　My sister worked to help many *foreigners as an *English speaking guide at the station.

　　One day, I went to the station to see my sister, but I found she was *busy.　Then, a foreigner came to me and said, "Which bus stops at the *arena?"　I answered in English, "Take ... take the No.6 bus, please."　I could answer without my sister's (　　　)!　It was a good *experience.　I've studied English harder since that day.

　　＊Volleyball World Cup（バレーボールワールドカップ大会）　be held（開催される）　event（催し）
foreigner（外国人）　English speaking guide（英語が話せるガイド）　busy（忙しい）
arena（アリーナ・競技場）　experience（経験）

本文中の（　　　）の中に入る最も適当なものを次のア〜エのうちから1つ選び，その記号を書きなさい。
ア　fun　　イ　help　　ウ　problem　　エ　student

be動詞・一般動詞

解答　本冊 P.9

❶ (1)began　(2)found　(3)went　(4)ate
❷ (1)Did　(2)was　　❸ イ

解説

❶ (1)when he was seven years old「彼が7歳のとき」は過去を表すので，過去形beganにする。(2)前文に続き過去の文なので過去形foundにする。「それを読んだとき，私は日本料理についてあることがわかりました」という文。文中のreadは過去形で[red]と発音する。(3)six months ago「6か月前（に）」があるので，過去形wentにする。(4)wentが過去形なので，eatも過去形ateにする。

❷ (1)No, I didn't.と答えているので，疑問文にもDidを使う。(2)疑問文のWereはareの過去形。主語がIのときのbe動詞の過去形はwas。

❸ あとに続く文「私たちは彼の料理が大好きです」から現在の文と判断する。主語が3人称単数なので，イ cooksを選ぶ。

 名詞・代名詞

解答　本冊 P.11

❶ (1)ア　(2)エ　(3)イ
❷ He
❸ ① April　② August

解説

❶ (1)Aはtoo small「小さすぎる」と言っているので，「もっと大きいのがありますか」という文になる。前に出た名詞（coat）の代わりに使う代名詞はア one。(2)stay with 〜は「〜のところに滞在する」。前置詞のあとに代名詞がくるときは目的格になるので，エ usを選ぶ。(3)あとに名詞families and schoolsが続くので，所有格のイ our「私たちの」を選ぶ。

❷ that man「あの男の人」を受ける代名詞はhe「彼は」。

❸ Aで始まる月はApril「4月」とAugust「8月」。生徒の最後の発言から，②は夏祭りがある「8月」にする。

 形容詞・副詞

解答　本冊 P.13

❶ (1)ア　(2)ア　(3)エ　(4)ア
❷ rainy　❸ fifth

解説

❶ (1)because以下が「それは私の外国への初めての旅だったので」という意味なので，ア gladを選んで「私はとてもうれしかった」とする。(2)Aの「昨日川でたくさんの魚を捕ったのですか」にB はNoと答えているので，ア a few「少しの」が適切。fishは複数形もfishのまま。(3)「（世界中の）多くの人たちはそれら（＝日本の弁当）が好きです，なぜならそれらはとてもきれい（beautiful）だからです」となる。(4)「（コンピュータの）パスワードをほかの人に知られたら，あなたの情報が盗まれたり，あなたのお金で買い物をされてしまうかもしれません。だから，パスワードはあまり単純〔簡単〕（simple）にするべきではありません」となる。

❷ 「午後は雨（rainy）になりそうだから，傘を持って行きなさい」となる。

❸ Bが「それは5月です」と答えているので，「1

年の5番目の月を英語で言えますか」となるように，fiveを序数fifthにする。

 前置詞

本冊 P. 15

解答

1 エ
2 father is in
3 (1)ア (2)ウ
4 (1)ア (2)エ
5 under

解説

1 直後にSundaysがある。「～曜日に」を表す前置詞はon。

2 「ジョンのお父さん」はJohn's father，「庭に」はin the garden。

3 (1)withを選ぶと「私は両親といっしょにニューヨークから来ました」という文になる。(2)Thank you for ～ing.で「～してくれてありがとう」という意味。

4 (1)空らんのあとにTVがあるので，on TV「テレビで」とする。(2)walk around the townで「町を歩き回る」という意味。

5 「女の子はどこにいますか」と尋ねている。「彼女は木の下に座っています」という文になるように，underを入れる。

 重要な単語・熟語

本冊 P. 17

解答

1 ① have ② month ③ wonderful
　 ④ classroom ⑤ after
2 For example
3 One
4 take care of
5 interested

解説

1 ① 主語がIなので，動詞はhaveを選ぶ。②「先月」はlast month。③「すばらしい」はwonderful。④「教室」はclassroom。⑤「放課後」はafter school。

2 「例えば」はfor example。

3 「ある日」はone day。

4 「～の世話をする」はtake care of ～。

5 「～に興味がある」はbe interested in ～。

疑問文

本冊 P. 19

解答

1 (1)ウ (2)イ (3)イ
2 (1)How long are you going to study
　 (2)you understand what I mean
　 (3)which bus goes to the
　 (4)know when she will come back to Miyazaki

解説

1 (1)前の文に「今日はいい知らせがあります」とあるので，「それが何かわかりますか」となるように，**ウ**whatを選ぶ。続く「驚かないで。来月私は日本へ行きます」にも合う。(2)Bが「ああ，それは私のものです」と答えているので，「だれの」を尋ねる**イ**Whoseを選ぶ。(3)Bが「私はそこへ昼食後に行きます」と答えているので，「いつ」と時を尋ねる**イ**Whenを選ぶ。

2 (1)生徒が「1か月間です」と答えているので，「どのくらい（の間）」と期間を尋ねるhow longで文を始め，are you going to study「勉強する予定ですか」を続ける。(2)ビルはThat means ～.「それは～という意味だよ」と説明したあとに「ぼくが何を言いたいかわかる？」と確認している。動詞understandのあとに間接疑問〈疑問詞（what）＋主語（I）＋動詞（mean）〉を続ける。(3)マキが「次のバスに乗ってください」と答えているので，which busを主語にして「どのバスが〜に行きますか」という文にする。**(4)**Do youに続くのは動詞の原形なので，come backかknowが考えられる。Aの「ALTの先生が春休みに中国旅行に行くらしいよ」に対する発言なので，「彼女がいつ宮崎に戻ってくるか知っていますか」という文が適切。動詞knowのあとに間接疑問〈疑問詞(when)＋主語(she)＋動詞(will come)〉を続ける。

助動詞

解答

本冊 P. 21

1 イ　**2** Can　**3** エ
4 【1】we have to make　【2】would you like
5 they won't

解説

1 Aの発言は「これの使い方を私に教えてくれませんか」という意味。相手への依頼を表すCan you 〜?に対する応答は，**イ**Sure.「いいですよ」が最適。

2 Can I 〜?で「〜してもいいですか」と相手に許可を求める言い方。

3 〔家で〕A「お母さん，今日はとても忙しそうね。私が昼食を作りましょうか」B「ありがとう，リサ。でも（　　）。私が昼食を作るわ」というやりとり。昼食を作ると申し出る相手に対し，Bは自分が昼食を作ると言っているので，**エ**「あなたはそうする必要はありません」が合う。don't have to 〜は「〜する必要はない」。

4 【1】toがあるので，have to 〜「〜しなければならない」を使って，we have to make a plan about 〜「私たちは〜についての計画を立てなければならない」とする。【2】Bが「和食をお願いします」と答えているので，「朝食は何がいいですか」という意味になるように，What would you like for breakfast?とする。would like 〜は「〜がほしい」という意味。

進行形

解答

本冊 P. 23

1 【1】イ　【2】エ
2 (c)ooking
3 【1】walking　【2】studying
4 【1】What were you doing when
　　【2】you doing when

解説

1 【1】直後のspeakingに注目。when she talked with the other astronauts「彼女がほかの宇宙飛行士と話したとき」という過去のときに「英語をとても上手に話していた」と過去進行形になるように，**イ**wasを選ぶ。【2】直後のcleaningに注目。when my parents came home「私の両親が帰宅したとき」という過去のときにおいて「窓を掃除していた」という進行中の動作を表す過去進行形にする。主語がMy brother and Iで複数なので，**エ**wereを選ぶ。

2 絵より，ヨシコは料理をしていることがわかるので，「ヨシコは母親と〜を料理しています」という意味の現在進行形の文になるように，cook「〜を料理する」のing形を入れる。

3 【1】直前にwasがあるので，「私が学校へ歩いて行っているとき」という意味の過去進行形になるように，walkはing形にする。【2】前にis learning Englishとあり，andはこれと(study)をつなげている。また，文末のnowにも着目し，「イノウエ氏は今，英語を学んで，外国の柔道を勉強しているそうです」という意味の現在進行形にする。learningにそろえて，studyをstudyingにする。

4 【1】Bは「そのとき私はテレビを見ていました」と，していたことを答えているので，「何を」

と尋ねるwhatで文を始める。doingとwereがあるので，過去進行形の疑問文の語順wereyou doingを続け，そのあとに接続詞when「～するとき」を置くと，Masao went to yourhouseにもつながる。**(2)**whatで始まる疑問文。whatのあとは疑問文の語順になるので，what were you doingと過去進行形の疑問文にする。そのあとに接続詞whenを置くと，Iwent to your houseにつながる。

現在完了

本冊 P. 25

解答

1 **(1)** I have never been to
(2) years have you lived in
(3) never seen such an interesting
(4) have been looking for
2 **(1)** ア **(2)** ア
3 for
4 seen
5 **(1)** has been sleeping for
(2) How long have you been listening

解説

1 **(1)**経験を表す現在完了の否定文。neverは「一度も～ない」という意味で，haveのあとに入れる。I have never been to ～で「私は（一度も）～に行ったことがない」。**(2)**継続の年数を尋ねる現在完了の疑問文。How manyyears「何年」で文を始め，〈have＋主語＋過去分詞〉を続ける。How many years haveyou lived in this city?「あなたはこの市に何年住んでいるのですか」という文になる。**(3)**経験を表す現在完了の否定文。I have neverseen ～で「私は（一度も）～を見たことがない」。目的語はsuch an interesting movie「こんなにおもしろい映画」。**(4)**現在完了進行形〈have been＋動詞のing形〉の文。「私は昨日から私の傘を探しています」という文になる。Bの発言中のitは傘を指す。look for ～は「～を探す」。

2 **(1)**〈Have you＋過去分詞～?〉の現在完了の疑問文には，haveを使って答える。「この歌を聞いたことがありますか」という問いに，Bは「それは私が大好きな歌です」と続けているので，**ア**のYesの答えを選ぶ。**(2)**直後のtoCanadaにつながるものを選ぶ。have〔has〕been to ～で「～に行ったことがある」。

3 継続を表す現在完了の文。「私はもう，イギリスに1週間います」という意味になるように，「～の間」を表すfor を入れる。

4 「長い間あなたに会っていないので，会うことはとてもわくわくするでしょう」という文。直前にhaven'tがあるので，現在完了になるように，過去分詞seenにする。

5 **(1)**「～し続けている」という動作の継続は，現在完了進行形〈have〔has〕been＋動詞のing形〉で表す。「10時間」はfor ten hours。**(2)**「どれくらいの間」なので，How longで始め，「聞き続けているのですか」は現在完了進行形の疑問文〈have〔has〕＋主語＋been＋動詞のing形〉を続ける。「音楽を聞く」はlisten to music。

比較

本冊 P. 27

解答

1 **(1)** is not as cold as
(2) the most famous song
(3) like it the best of
(4) highest mountain in
2 (b)etter
3 **(1)** best **(2)** better
4 **(1)** ウ **(2)** エ

解説

1 **(1)**〈not as＋形容詞＋as ～〉で「～ほど…ではない」。「今日は昨日ほど寒くないと思います」となる。**(2)**〈the most＋形容詞＋名詞〉で「最も〔いちばん〕～な…」。「これは世界で最も有名な歌です」となる。**(3)**like ～ the best of〔in〕...で「…の中で〜がいちばん好きである」。ofのあとには複数を表す語句が, inのあとには場所・範囲を表す語句がくる。**(4)**〈the＋形容詞の最上級＋名詞＋in 〜〉で「〜で最も〔いちばん〕…な—」。highestは形容詞high「高い」の最上級。

2 thanがあるので, 〈比較級＋than 〜〉の形にする。like A better than Bで「BよりもAのほうが好きである」。

3 **(1)**A「その新しい映画をもう見ましたか」B「はい。今まで見た中でいちばんいい映画でした」という対話。goodの最上級はbest。**(2)**thanがあるので, 〈比較級＋than 〜〉の形にする。wellの比較級はbetter。

4 **(1)**（　）の前後の語句から判断して, 〈比較級＋than any other＋名詞の単数形〉「ほかのどの…よりも〜」となる**ウ**のthanが適する。A「ねえ, 見て。あそこの男の子はとても速く走っています。彼を知っていますか」B「はい, 彼は私のクラスメートです。彼は私のクラスのほかのどの男の子よりも速く走ります」**(2)**（　）の前のthe, 後ろのof 〜から判断して, 〈the＋最上級＋of 〜〉「〜の中で最も…」となる最上級が適する。「私は, パンダは世界のすべての動物の中でいちばんかわいいと思います」

不定詞

本冊 P. 29

解答

1 **(1)**（例）I didn't know how to use it.
　　(2)（例）She wanted to take a bus.
2 **(1)**for us to
　　(2)be glad to hear
　　(3)be fun to learn
　　(4)I ask you to say
　　(5)ideas to make him happy
3 what to

解説

1 **(1)**「わからなかった」はdidn't know。「それ

をどのように使うのか」は〈how to＋動詞の原形〉「どのように〜するか, 〜のしかた」を用いて, how to use itで表す。**(2)**「〜したい」は〈want to＋動詞の原形〉。「バスに乗る」はtake a bus。

2 **(1)**〈it is 〜 for … to＋動詞の原形〉「…が〔…にとって〕—するのは〜だ」の文。「私たちが毎朝朝食を食べるのは大切だ」となるように, (It is important) for us to (eat breakfast every morning.)とする。**(2)**gladは「うれしい」という意味の形容詞。あとに不定詞を続け, 「〜して」と感情の原因を表す。be glad to hear 〜で「〜を聞いてうれしい」。**(3)**〈it is 〜 to＋動詞の原形〉で「…するのは〜だ」を表す。「英語の落語を習うのは楽しいだろう」**(4)**〈ask 〜 to＋動詞の原形〉で「〜に…するように頼む」という意味を表す。「それをもう一度言うようあなたに頼んでもいいですか, デイビス先生」**(5)**anyには名詞が続くので, Do you have any ideas「あなたには何かアイデアがありますか」とし, 後ろから〈to＋動詞の原形〉でどんなideasなのかを修飾する。make him happy「彼を幸せにする〔喜ばせる〕」の〈make＋目的語（人）＋形容詞〉「…を〜（の状態）にする」も重要な文の形なので, あわせて確認しておこう。トム「次の日曜日はケンの誕生日だそうですね」クミ「その通りです。タロウと私は彼のために誕生日パーティーを開くつもりです。参加しますか」トム「もちろんです。あなたたちには, 何か彼を喜ばせるアイデアがありますか」クミ「はい。彼のために特別なケーキを作るつもりです」トム「それはすばらしいですね！」

3 「何を〜すればよいか」は〈what to＋動詞の原形〉で表せる。

動名詞・受動態

本冊 P. 31

解答

1 **(1)**アエウイ　**(2)**ウアエイ
　　(3)エカイウアオ

2 エ
3 (1) seen　(2) going
4 was
5 その夜の食事中に，ジャックの家族は農場の鳥の問題について話し始めました。

解説

1 (1) Is で始まっているので受動態の疑問文〈be動詞＋主語＋過去分詞～?〉にする。Is this watch made「この時計は作られますか」とし，最後に in Japan「日本で」を置く。(2) play は「（人が）～をする」という意味の動詞。Soccer が主語なので，受動態〈be動詞＋過去分詞〉にする。Soccer is played「サッカーは行われる」のあとに，by many people around the world「世界中で多くの人々によって」を置く。plays が不要。(3) まず，a lot of fun と playing the piano を組み立てることができる。このどちらを主語にしたら文が成り立つかを考える。Playing the piano を主語にして，「ピアノを弾くことはとても楽しい」という，動名詞を主語にした文にする。

2 stop は「～をやめる」の意味では目的語に動名詞をとる動詞。stop eating late at night で「夜遅く食事することをやめる」。

3 (1) 直前に be があるので，「都井岬（とい）から見られる海の景色」という意味になるように，受動態にする。助動詞がある受動態は，〈助動詞＋be＋過去分詞〉の形になる。see の過去分詞は seen。文全体では，関係代名詞 which 以降が後ろから The ocean view を修飾する形になっている。「都井岬からながめられる海の景色はとても美しいです」 (2) How about ～ing? で「～するのはどうですか」という意味。「この週末にスキー場に行くのはどうですか」

4 写真についての会話。〈Where＋be動詞＋過去分詞～?〉の形で「それ（＝その写真）はどこで撮られたのですか」という受動態の疑問文にする。「父が撮った」と過去形で，this picture と単数形なので，空らんに適する be動詞は was。A「私の父がこの写真を撮りました」B

「とてもいいですね。それはどこで撮られたのですか」A「フィンランドでです」

5 start ～ing で「～し始める」という意味。

分詞

解答

本冊
P.33

1 (1) written　(2) swimming　(3) written
2 (1) made in Japan the
　　(2) you read a book written
　　(3) you'll meet many people speaking English
3 (1) ウ　(2) ウ　(3) イ

解説

1 (1) (write) 以下が a book を修飾する形にする。「ヨコイシ氏によって書かれた本」となるように，過去分詞 written にする。(2) (swim) から sea までが the fish を修飾する。「海で泳いでいる魚」となるように，現在分詞 swimming にする。not only ～ but ... は「～だけでなく…も」という意味。(3)「彼について書かれた本」となるように，過去分詞 written にする。

2 (1) that blue car を made in Japan「日本で作られた→日本製の」が後ろから修飾する。like ～ the best で「～がいちばん好きである」。make が不要。(2) まず Have you read a book と続け，a book を修飾する written by Natsume Soseki をそのあとに置く。(3) まず you'll meet many people という文を組み立て，many people を修飾する speaking English をそのあとに置く。

3 (1) 空らん以下は a language を修飾する。「世界中で話される言語」となるように，過去分詞のウ spoken を選ぶ。(2)「彼によって料理された食べ物」となるように，過去分詞のウ cooked を選ぶ。(3)「木立の間で鳴いているあの鳥」となるように，現在分詞のイ singing を選ぶ。

関係代名詞

本冊 P. 35

解答

❶ (1)ア (2)エ (3)ウ (4)イ (5)エ

❷ (1)is the man we met in the library
(2)a temple which was built

解説

❶ (1)空らんの前後の意味から，空らん以下が，後ろからthe cakeを修飾する形と考える。the cakeは「もの」なので，関係代名詞はwhichを使う。「これは私の母が大好きなケーキです」という文。(2)空らんの前がpeople，後ろが動詞speakなので，「人」を先行詞とする主格の関係代名詞が適切。「私の周りには，スペイン語を話す人がたくさんいます」(3)members「メンバー」は「人」で，複数形。また，文の後半ateより過去の文であることがわかる。複数の「人」が先行詞で過去の文なので，主格の関係代名詞whoにwereが続く形が適切。「京都に興味があるメンバーは，有名な寺で豆腐を食べました」(4)空らんの前のnoren「のれん」は「もの」，あとにbe動詞areが続いているので，「もの」を先行詞とする主格の関係代名詞が適切。「私の家には美しいデザインののれんがあります。母は季節ごとに適したのれんを掛けます」(5)動詞visitedの主語がない。主語となるweを選ぶと，we visited two years ago「私たちが2年前に訪れた」が，後ろからthe park「公園」を修飾する形となり，文が成り立つ。これは，parkのあとの目的格の関係代名詞（whichまたはthat）が省略された形。

❷ (1)「向こうに立っている男性を覚えていますか」「いいえ」に続く発言なので，男性について説明する文と考える。That is the man「あれはその男性です」のあとに，the manを修飾するwe met in the library last week「私たちが先週，図書館で会った」を続ける。これは，manのあとの目的格の関係代名詞（that）が省略された形。(2)「あの建物は何ですか。古く見えますが，とても美しいです」に答える発言。

建物についての説明をしていると考えられる。it is builtとするとほかの語が続かない。it is a temple「それは寺です」とし，どんな寺かを説明する語句を続ける形にする。このwhichは主格の関係代名詞。「ああ，あれは300年前に建てられた寺です」

文のつくり（SVOO・SVOC・原形不定詞）

本冊 P. 37

解答

❶ ア

❷ (1)you show me the books
(2)will you give me some
(3)tell me how to get
(4)book made me cry

❸ (1)ア (2)ウ (3)イ

解説

❶ 前の部分では，オーストラリアにいる友人のマユミからの手紙の内容が書かれている。主語にすることができるのはthe letter。動詞はmade。makeは〈make ～ …〉で「～を…（の状態）にする」というSVOCの文をつくる。〈～〉にme，〈…〉にhappyを置く。

❷ (1)Couldで始まる疑問文なので，次に主語となるyouを置く。showは〈show ～ …〉「～に…を見せる」というSVOOの文をつくる。〈～〉にme，〈…〉にthe booksを置く。(2)最後に？があるので疑問文。助動詞のwillで文を始め，主語youを続ける。giveは〈give ～ …〉「～に…を与える」というSVOOの文をつくる。〈～〉にme，〈…〉にsome adviceを置く。「アドバイスを少しもらえませんか」(3)「その美術館に行ったことがありますか」に「いいえ」と答えたあとの発言。「そこへの行き方を私に教えてくれますか」という文を組み立てる。Will youに〈tell ～ …〉「～に…を教える」を続ける。tellの2つ目の目的語となる〈…〉にあたる部分は〈疑問詞＋to＋動詞の原形〉を用い，how to get there「そこへの行き方」とする。(4)Theにbookを続けて主語にする。動

詞cryとmadeのうち，The bookに続けられるのは過去形のmade。cryは目的語meのあとに置いて原形不定詞として使うことに気づこう。「その本は私を泣かせました。ストーリーがとても悲しかったです」

3 (1) 空らんのあとに代名詞のmeと形容詞のhungryが続いている。〈make ～ …〉「～を…（の状態）にする」の形にする。(2) 空らんの前のlet meに注目。letはあとに目的語と原形不定詞をとり「～に…させる」を表す動詞。「私はスーパーマーケットに行かなければなりません。あなたの自転車を使わせてください」 (3) 空らんのあとのmeとcarryに注目。あとに目的語（ここではme）と動詞の原形（＝原形不定詞。ここではcarry）をとる動詞は，ア～エの中ではhelpだけ。〈help＋目的語＋原形不定詞〉で「～が…するのを手伝う」。「クラスメートたちが，私が本を運ぶのを手伝ってくれました」

〈that＋主語＋動詞〉を含む文

解答
本冊
P. 39

1 (1) イ　(2) ウ
2 (1) hope he will join
　　(2) The movie taught me that
3 (1) 私は彼女がパーティーに来てくれてうれしいです。
　　(2) そのグラフは，私のクラスでネコが人気があるということを示しています。

解説

1 (1) この文は〈SVO＋that ～〉の形で，「～（that以下のこと）を私たちに言う，教える」という意味になる。選択肢の中でこの形の文をつくれる動詞はtellのみ。「その音楽の先生はいつも，音楽の音は人々を感動させることができると私たちに教えます」 (2)「リョウは，自分が上手な野球選手であるということを試合で彼らに示すでしょう」という文。動詞showのあとにくる代名詞は目的格になる。

2 (1)「私たちは望んでいます」なのでWe hopeで文を始め，望んでいる内容「彼が私たちのチームに参加すること」をあとに続ける。この文では接続詞thatが省略されている。(2)「その映画は」が文の主語なのでThe movieで始め，動詞taught，目的語meを続ける。「歴史はおもしろいということ」となるようにhistoryの前に接続詞thatを置く。

3 (1) I'm glad that ～.は「私は～（that以下のこと）がうれしい」という意味。(2) show that ～で「～ということを示す〔見せる〕」。

仮定法

解答
本冊
P. 41

1 (1) イ　(2) エ　(3) ウ　(4) イ
2 (1) knew　(2) ① were　② would
3 (1) I wish I could talk with
　　(2) If I were rich
4 (1) もし私が医者だったら，病気の子どもたちを助けるでしょう〔助けるのになあ〕。

解説

1 (1)〈I wish＋主語＋動詞の過去形〉の仮定法の文。動詞の過去形を入れる。「私がもっとお金を持っていればなあ」 (2)〈If＋主語＋動詞の過去形, 主語＋would＋動詞の原形〉の仮定法の文。動詞の過去形を入れる。「もし彼女が日本に住んでいたら，彼女に会いにいくのになあ」 (3) 空らんのあとのI wereや，文の後半のwouldより，仮定法の文。Ifで文を始める。「もし私があなたなら，店ではがきを買うのに」 (4) 文頭のIf，文の後半のwouldより，仮定法の文。仮定法の文では，be動詞は主語にかかわらずwereを使うことが多い。「もし私があなたなら，医者に行くでしょう」

2 すべて仮定法の文。動詞，be動詞，助動詞を過去形にする。(1) knowの過去形はknew。(2) ① 仮定法の文では，be動詞は主語にかかわらずwereを使うことが多い。② 助動詞will

の過去形はwould。

3 (1)「（私が）～できればなあ」なのでI wish I could ～。「…と話す」はtalk with …。(2)「もし～なら」なのでIfで始める。

4 sick childrenで「病気の子どもたち」。「（現実には医者ではないが，）もし私が医者だったら」と，現実と異なることを仮定して，意志や願望を述べる表現。

 会話表現① （電話・買い物・道案内）

本冊 P. 43

解答

1 ア
2 (1)ウ　(2)エ　(3)ア
3 ア

解説

1 店員の「この袋は必要ですか」に合うのは，**ア**「いいえ，けっこうです」。

2 (1)A「これはいかがですか」B「この色は好きではありません」に続き，あとのA「わかりました。はい，どうぞ」につながるものを選ぶ。**ウ**「ほかのものを見せてください」 (2)マサオは「Lをお願いします」と答えているので，サイズを尋ねる**エ**「サイズは何ですか」。(3)Aの「伝言を残したいですか」への返答としては，**ア**「いいえ，私があとでかけ直します」が自然。

3 Could you tell me the way to ～?で「…への道を教えていただけませんか」という意味。

 会話表現② （依頼・感謝など）

本冊 P. 45

解答

(1)イ　(2)ウ　(3)ア　(4)イ　(5)オ　(6)ウ

解説

(1)母は「それはだれがやったの？」と言い，ジムは空らんのあとで「ぼくがやりました」と言っている。絵より，ジムは食器を割ってしまっていることがわかるので，**イ**の「ごめんなさい」が合う。(2)レストランで「すみません」と店員に呼びかけるときは，**ウ**のExcuse me.を用いる。(3)ユミ「とても忙しそうね」タロウ「うん。たくさん仕事をしなければならないんだ」に続くユミの発言を考える。タロウが「ありがとう。これらの本を図書館に運んでください」と言っているので，手伝いを申し出る**ア**の「お手伝いしましょうか」が合う。(4)本を運んでいるマサトにアヤは「重そうですね。私の助けが必要ですか」と言っている。空らんのあとでアヤは「わかりました。校門であなたを待っています。いっしょに帰宅しましょう」と言っているので，マサトはアヤの申し出を断ったと考えられる。**イ**の「ありがとう，でも自分でできます」が自然。(5)A「あなたの辞書を使ってもいいですか。自分のものを持ってきていません」へのBの返答を考える。Aは「ありがとう」と答えているので，**オ**の「もちろん，どうぞ」が合う。(6)How's everything?で「調子はどう？」と近況を尋ねる表現。

 会話表現③ （あいさつ・日常会話）

本冊 P. 47

解答

(1)ウ　(2)イ　(3)ア　(4)ウ　(5)イ

解説

(1)アキラ「ごめん，トム。きみのCDを今日持ってこなかったよ」に対するトムの答え。「それは今日は必要ないよ」と言っているので，**ウ**の「気にしないで」が合う。(2)ミホは「私たち

のバスケットボールのチームが試合をするの。お父さんに本当に来てほしい。私は試合でプレーするメンバーの一人なの」と言っているので，**イ**の「それはすごいな」が合う。**(3)**プレゼントを買うためのお店の話題。空らんの直前でビルは「ぼくはそのお店に行ったことがないよ。どうやったらそこへ行けるの」と尋ねている。ミホは空らんのあとで「そのお店は私の家の近くよ」と言い，ビルは「えっ，本当？　どうもありがとう」と言っているので，**ア**の「私があなたを案内しましょう」が合う。**(4)**「私のラケットが見つからないのです」という応答に合う質問は，**ウ**の「どうしたの？」。**(5)**数学の質問があるというポールに，エミは「ごめんなさい，母と買い物に行くので，もう帰宅しなければならないの」と言っている。エミの空らんの発言のあとでポールは「それはいい考えだ。彼女は数学がとても好きだ」と言っているので，**イ**の「ナンシーに尋ねたらどう？」が合う。Why don't you ～?は「～してはどうですか」という意味を表す。

長文読解（会話の流れに合う英文を選ぶ）

解答

本冊 P. 49

①エ　②オ　③キ　④イ　⑤カ

解説

① 次にNo, I don't.と答えているので，Do you ～?の疑問文の**エ**「あなたは『日向』が何を意味するか知っていますか」が適切。

② Yes, I have.の答えより，Have ～?の疑問文の**オ**「あなたは今までに『ひむか』という言葉を聞いたことがありますか」が適切。

③ このあとジェニーは「本当？　それはすてきですね」と言っているので，**キ**の「2004年に宮崎は日本で最も晴れの日が多かったです」が適切。

④ 直前で理絵は，日本人の多くが太陽エネルギーに興味を持っていると話している。このあと理絵は宮崎の人々について答えているので，**イ**の

「宮崎の人々はどうですか」が適切。

⑤ ソーラーパネルの話題。ジェニーの「それはすばらしいですね」より，**カ**「それら（＝ソーラーパネル）がついた家もたくさん見ることができます」が適切。

（要約）ジェニーは宮崎の昔の名前の「日向」について理絵に質問する。理絵は「日向」が昔は「ひむか」と呼ばれていたと説明する。そのあと2人は太陽エネルギーについて話をする。

長文読解（グラフのある問題①）

解答

本冊 P. 51

ウ

解説

本文第2段落の内容に注目。「60％より多く（の人々）が，1時間未満滞在する」ので，**エ**は適さない。また，「30分未満滞在する人の数のほうが大きい」ので，**イ**も適さない。さらに「3時間より長く滞在する人はほとんどいない」，つまりゼロではないので，**ア**は適さない。よって**ウ**を選ぶ。

【**全訳**】みなさんは，ぼくたちの町の図書館を利用したことがありますか。ぼくは本を読んだり勉強をしたりするために，よくそこへ行きます。その図書館は読書が好きな人や勉強をしたい人にとってすばらしい場所です。ぼくはそこに長い時間いることもあります。ある日ぼくは，図書館で働く人に，そこを訪れる人たちがどれくらい長くそこに滞在するのか尋ねました。

　グラフを見てください。60％より多く（の人々）が，1時間未満滞在することがわかります。それらの中で，30分未満滞在する人の数のほうが大きいのです。彼らは本を借りたり返したりするためだけに来るので，あまり長い時間滞在しないのです。3時間より長く滞在する人はほとんどいません。図書館を勉強のために利用する人はもっと長く滞在したいのですが，

今はそうした人たちのための十分な空間があり
ません。加えて，情報を得るためのコンピュー
タも十分にはありません。

長文読解（グラフのある問題②）

本冊
P. 53

解答

Aイ　Bエ　Cウ　Dア

解説

本文第2段落第3，4文目「50%より多くの海外
の人々が，買い物と日本食を楽しみたいと思っ
ていました。日本食は彼らの間で最も人気が
あったのです」より，Aは日本食，Bは買い物。
続く第5文「また，温泉は風景ほど人気があり
ませんでした」より，Cが風景，Dが温泉とな
る。

【全訳】宮崎を旅行する海外の人々を見かけます
か。たくさんの海外の人々が，いろいろなこと
を楽しみに日本を訪れています。

下のグラフを見てください。これらの海外の
人々が，日本に来る前に何を楽しもうと思って
いたかを示しています。50%より多くの海外
の人々が，買い物と日本食を楽しみたいと思っ
ていました。日本食は彼らの間で最も人気が
あったのです。また，温泉は風景ほど人気があ
りませんでした。

宮崎は観光をするのに良い場所です。もっと
多くの海外の人々に宮崎を知ってもらいたいで
す。これについて何ができますか。

長文読解（イラストのある問題①）

本冊
P. 55

解答

イ

解説

有紀は2番目の発言第2文で「私の隣の女の子
がジェーンです」と写真を見ながら説明してい
る。また，このあとのグリーン先生と有紀のや

りとりに「ネコを抱いている女の子のことです
か」「そのとおりです」とあるので，**ア**がジェー
ンで，その隣の**イ**が有紀とわかる。

（要約）オーストラリアを訪れた有紀はホストファ
ミリーと撮った写真を見せながらグリーン先生
と話している。初日は英語で話せなくてつら
かったが，翌日ジェーンとテニスをしたり日本
食を作って喜んでもらったりしたことで，お互
いを少し理解できた。それからは努めて英語で
話すようにした。

長文読解（イラストのある問題②）

本冊
P. 57

解答

エ

解説

下線部を含む文は「これは私が10歳のときに運
動会で父によって撮られた写真です」の意味。
続く第2，4文に「この写真で私は50m走を走っ
ています」「この4番目の少年が私です」とある
ので，**エ**が適切。

【全訳】これは，ぼくが10歳のときに，運動会で
父によって撮られた写真です。この写真の中
で，ぼくは50メートル走を走っています。ど
の男の子がぼくか，わかりますか？　この4位
の子がぼくです。この写真はぼくの宝物です。
なぜかって？　それについてお話しします。

ある日，ぼくは父に言いました。「50メート
ル走を走らなければならないから，運動会に参
加したくないよ。速く走れないんだ」　父はぼ
くに尋ねました。「もっと速く走ろうとしたこ
とはあるかい？」　ぼくは「ううん，ないよ。
ぼくは運動は得意じゃないんだ」と答えました。
父は言いました。「きみにそんなことを言って
ほしくないよ」　ぼくは少し悲しかったです。
父は「もし毎日走る練習をしたら，もっと速く
走れるよ」と言いました。ぼくはそれを信じら
れませんでした。「運動会まではたくさん時間
がある。お父さんが手伝うよ，健。夕飯のあ
と，毎日お父さんといっしょに走るのはどうだ

い？」と，父は言いました。「いいよ」と，ぼくは言いました。

その翌日，ぼくたちは家の近くの公園でいっしょに走る練習を始めました。父はとても速く走りました。父を追いかけるのは，ぼくにとって簡単ではありませんでした。ぼくはすぐに疲れてしまいました。ぼくは父に尋ねました。「どうしてそんなに速く走れるの？」 父は「あのね，お父さんは高校生のとき，陸上部の部員だったんだよ」と答えました。ぼくは言いました。「ええ，本当に？ ぼくに速く走る方法を教えてくれない？」「もちろん。腕をもっと速く動かすべきだね。それから，走っているときは地面を見ないこと」と，父は言いました。父は走ることについてたくさんのことを知っていました。父がいつも支えてくれたので，ぼくは3週間練習しました。運動会のちょうど前日，父は言いました。「健，きみはとてもよく練習した。もう（前よりも）速く走れるよ。でも，お父さんはきみに大切なことを覚えておいてほしい」 父はぼくを見て言いました。「ゴールラインにたどり着くまで，走るのをやめてはいけないよ」と。

 長文読解（イラストのある問題③）

解答　　　　　　　　　　　　本冊
P.59

ウ→ア→イ

解説

アはメアリーがルーシーの家を訪れ，ルーシーの父親にプレゼントを渡している場面。第4段落の内容。**イ**はメアリーと，帽子をかぶったルーシーが学校で抱き合って喜んでいる場面。第5段落第2，3文の内容。**ウ**はメアリーが帽子を前にして，母親と考えこんでいる場面。第3段落第5文から段落最後までの内容。**ウ→ア→イ**の順となる。

【全訳】メアリーが教室に入っていったとき，たくさんの生徒がクリスマス休暇について話していました。メアリーは席にいるルーシーに気づ

きました。メアリーは彼女にほほ笑みました。ルーシーもメアリーにほほ笑み返しましたが，元気がなさそうでした。ちょうどそのとき，担任のスミス先生が来ました。先生は生徒たちにその日の予定について伝えてから言いました。「みなさんに悲しいお知らせがあります。ルーシーとご家族は，ロンドンへ引っ越します。明日が，ルーシーの学校での最後の日です」 メアリーはスミス先生が言うことを理解できませんでした。「先生は何を言っているの？ ルーシーがクリスマス前に引っ越すの？ 本当に？」

スミス先生が教室を出たあと，メアリーはルーシーのところに行って言いました。「本当なの？」 ルーシーはとても悲しそうでした。メアリーは言いました。「私，とても悲しいわ。そんな大切なことを私に言ってくれなかったなんて」「ええと…」とルーシーは言いました。メアリーは言うのを止められませんでした。「親友だと思っていたのよ」 ルーシーの目からは涙がこぼれ，メアリーのもとを歩いて去ってしまいました。

その夜，メアリーは夕食が楽しくありませんでした。夕食のあと，自分の部屋に行きました。メアリーはいすに座り，机の上のきれいな青い帽子を見ました。「私の言葉はルーシーをとても悲しませたの？」と，メアリーは独り言を言いました。そのとき，彼女のお母さんが部屋に入ってきました。「まあ，メアリー，とてもきれいな青い帽子ね！ あなたからルーシーへのプレゼントなの？」と，お母さんは尋ねました。「ええと，うん，そのはずだった。ルーシーはきれいな青い目をしているわ。だから，この青い帽子は彼女にぴったりなの。でも，ルーシーはもうこれをほしくないと思うわ」と，メアリーは言いました。「何があったの？ あなたたち2人とも，毎年クリスマスにプレゼントを交換しているじゃない」と，お母さんは言いました。メアリーは，学校でのルーシーについてお母さんに話し始めました。メアリーの話を聞き終わると，お母さんは言いました。「そうね，これから私といっしょにルーシーの家に行くのはどう？ あなたはルーシーにプレゼン

トを渡すべきよ」

　メアリーとお母さんがルーシーの家の前に到着したとき，メアリーは車の中で言いました。「お母さん，私，ドアのところへ行けないわ。ルーシーは私に会いたくないもの」　お母さんは言いました。「あなたの気持ちはわかるわ。でも，心配しないで。できるわ！」　メアリーは不安だったけれど，車から降りてドアのところまで行きました。すぐにルーシーのお父さんがドアのところに来ました。ルーシーは家にはいませんでした。メアリーはプレゼントのことを伝え，彼にそれを渡しました。ルーシーのお父さんはメアリーを抱きしめて，「本当にありがとう。ルーシーはきっととても喜ぶよ」と言いました。

　次の日の朝，メアリーは学校でルーシーに会いました。ルーシーは青い帽子をかぶっていました。ルーシーはメアリーのところに走っていき，彼女を抱きしめました。ルーシーは言いました。「ごめんね，メアリー。私，あなたを失いたくなくて，ロンドンに引っ越すことを言わなかったの。でも間違っていたわ。私がお別れを言っても，まだ私の親友でいてくれる？」メアリーは言いました。「もちろん，私たちはいつでも親友よ。ルーシー，私もごめんなさい。私，あなたがどんな気持ちだったか，理解しようとしなかった」

 長文読解（表のある問題）

解答　　　　　　　　　　　　　　　　本冊
P. 61

〔1〕イ　　〔2〕ウ

解説

〔1〕「The River Tripに乗りたい」と言うタロウに，母親が「弟のケンは（　①　）歳よ。だから私たちはだめなの」と言っている場面。表のThe River Tripの条件が「6歳以下は不可」なので，①には**ア**か**イ**が入る。次のタロウの発言「では，（　②　）はどう？　彼はそれに乗れるよ」と，続く母親の発言「約1時間待たなければならない」を参照する。表から，「待ち時間」が「現在

55分待ち」のThe Moon Tripが②に入る。条件は「4歳以下は不可」とあるので，タロウの弟のケンの年齢は**イ**の「5（歳）」とわかる。

〔2〕②がThe Moon Tripとわかり，③にはThe Magic Houseが入る。弟は年齢からThe River Tripには乗れないので，④にはThe Big Trainが入る。

（要約）タロウと母親は遊園地でどれに乗るか話している。The River Tripは弟が乗れず，The Moon Tripも待ち時間が長い。The Magic Houseは弟には難しいだろうとタロウは言い，最後にThe Big Trainにしようと提案する。

長文読解（英文の質問に英語で答える①）

解答　　　　　　　　　　　　　　　　本冊
P. 63

〔1〕ウ　　〔2〕エ　　〔3〕イ

解説

〔1〕「新しい種類のコミュニケーションは何ですか」。第1段落第3文後半にit's a new kind of communicationとある。itはe-mailを指す。

〔2〕「由実は，私たちがどう感じているかをEメールでいつも示すことができると思っていますか」。第4段落第2，3文に「あなたたちは，『間接的なコミュニケーション』を通して私たちがどう感じているかをいつも示すことができると思いますか。私の答えはノーです」とある。「間接的なコミュニケーション」とはEメールのことを指すので，Does 〜?の疑問文にdoesを使ってNoで答えている**エ**が適切。

〔3〕「由実はいつカオリの話を聞きましたか」。最後の段落第2文にLast week, my friend Kaori said, 〜.とある。このあとの第5文にI listened to her story.「私は彼女（＝カオリ）の話を聞きました」とあるので，答えは**イ**のLast week.となる。

【全訳】あなたは携帯電話を持っていますか？　Eメールを送ったことがありますか？　Eメール

は今人気がありますが，それは新しい種類のコミュニケーションです。家で家族と話したり，学校で友達と話したりするとき，私たちは彼らの顔を見て，声を聞きます。これは「対面式コミュニケーション」と呼ばれます。しかし携帯電話やインターネットでEメールを使うとき，私たちは人々の顔を見たり声を聞いたりしません。これを「間接的なコミュニケーション」と呼びます。

多くの人々は今，Eメールを送るのに携帯電話とインターネットを使います。Eメールは簡単で速いので便利です。私たちは，人といっしょにいないときや，以前に会ったことがない人にEメールを送ることができます。海外に住んでいる人とも，Eメールで意思を伝え合うことができます。私は，「間接的なコミュニケーション」が世界を小さくしてきたと思います。

「間接的なコミュニケーション」は便利ですが，問題もあります。例えば，携帯電話を使いすぎるため，勉強したり家族と話したりする時間がない生徒がいます。悪い方法でインターネットを使う人もいます。彼らは悪いことを書きますが，自分の名前を書きません。ですから私たちは，それらの言葉をだれが書いたのか，また，なぜそれらが書かれたのか，知ることができません。これらは大きな問題になりつつあります。

さて，みなさんに質問があります。みなさんは，「間接的なコミュニケーション」を通して私たちどう感じているかをいつも示すことができると思いますか。私の答えはノーです。なぜなのか，お話ししましょう。

私は先月，一生懸命に勉強しましたが，試験でうまくいきませんでした。とても悲しかったです。父が帰宅して私の顔を見ました。父は私に尋ねました。「何があったんだい？」 私は父に試験のことを話しました。すると父はほほ笑んで言いました。「心配ないよ。きみは全力を尽くした。次はもっとうまくいくさ」 私は父の言葉を聞き，笑顔を見て，うれしかったです。父は私がどんな気持ちだったかを理解してくれたので，父の言葉で幸せな気分になりました。そのあと，私は再び勉強を始めることがで

きました。

「おはよう」「またね」「ありがとう」のような表現は，「対面式コミュニケーション」でもとても重要です。先週，私の友人のカオリが「おはよう」と言いましたが，その声は小さく，彼女は悲しそうに見えました。私は「どうしたの？」と尋ねました。彼女は「姉［妹］のことで困っているの」と言いました。私は彼女の話を聞きました。すると彼女はほほ笑んで私に言いました。「聞いてくれてありがとう」 彼女の笑顔を見て，私もうれしくなりました。

 長文読解（英文の質問に英語で答える②）

本冊
P. 65

解答

[1]（例）About twenty years ago.
[2]（例）Yes, he does.

解説

[1]「マイクの母親はいつ奈良に来ましたか」。マイクの4番目の発言第2文前半にShe came to Nara about twenty years agoとある。

[2]「マイクは奈良公園のシカにシカ用のせんべいをやることを楽しみますか」という問い。マイクの4番目の発言第3，4文の，She said she liked giving deer crackers to the deer in Nara Park. I also enjoy it（＝giving deer crackers to the deer in Nara Park）.より，Yesで答える。

【全訳】

ユキ：ようこそ，マイク。私の家を見つけるのは難しかった？

マイク：ううん。ここに来るのは簡単だったよ。地図をありがとう。これはご家族へのプレゼント，カナダのカレンダーだよ。どうぞ。

ユキ：わあ。このカレンダーには山や湖のきれいな写真があるわね。ありがとう。

マイク：どういたしまして。ああ，窓のそばのあのシカの角は，ぼくの母が持っているものに似ているよ。

ユキ：あなたのお母さんはカナダで角細工を
　　　持っているということ？

マイク：そうだよ。母は，それは奈良の伝統的
　　　な工芸品だと言っていたよ。母は日本にいた
　　　ときにそれを買ったんだ。

ユキ：あら，お母さんは日本にいたの？

マイク：そうなんだ。母は20年ぐらい前に奈
　　　良に来て，英語を教えていたんだよ。母は奈
　　　良公園でシカにシカ用のせんべいをあげるの
　　　が好きだと言っていたよ。ぼくもそれを楽し
　　　んでいるよ。

ユキ：奈良公園のシカは天然記念物よ。長い角
　　　は特別な行事で切られて，そのいくつかは角
　　　細工を作るのに使われるの。

マイク：母の角細工もそれらの角で作られたも
　　　のだよ。母はそれがとても気に入って，持っ
　　　て帰国したんだ。それ以来，母にはいいこと
　　　がたくさん起こっているよ。母はそれが家族
　　　を幸せにしたと信じているんだ。

ユキ：いいわね。お母さんは日本の話をよくす
　　　るの？

マイク：うん，するよ。日本の食べ物のこと
　　　や，日本の生活習慣のこと，奈良で出会った
　　　たくさんの人たちのことを話すよ。ぼくは長
　　　い間，きみの国に興味があったんだ。

ユキ：なるほど。あなたはお母さんからたくさ
　　　んのことを学んで，今日本で勉強しているの
　　　ね。

マイク：そう。日本の文化について学ぶこと
　　　は，ぼくには興味深いよ。きみにも，ぼくの
　　　国のことを学んでほしいな。

ユキ：あなたの国に興味があるわ。カナダにつ
　　　いて私に教えて。将来，カナダであなたを訪
　　　ねるかもね。

 **長文読解（本文の内容と
合うものを選ぶ）**

解答　本冊
P. 67

エ

解説

ア「博人は旅行前にロンドンに関する情報を検

索したかったが，できませんでした」　第2段
落参照。旅行前にインターネットで調べ，ロン
ドンについてたくさんのものを見たので不一
致。

イ「ロンドンで初めて地元の料理を食べたとき，
博人はほかの国々から来た人たちにそれらにつ
いて尋ねました」　料理を食べたときのことは
第3段落に書かれているが，このような記述は
ない。

ウ「博人はハリー・ポッターについて知りた
かったので，クラスメートの1人に話しに行き
ました」　第4段落参照。クラスメートが博人
に話しに来たので不一致。

エ「放課後にクラスメートの1人と話したとき，
博人は彼女がロンドンについて詳しいことを知
りました」　第4段落の内容と一致。She
knew a lot about London.とある。

【全訳】 あなたは，自分が直接経験したことがな
いことについて知っているということを，考え
ることはよくありますか。今日はこのことにつ
いてお話ししたいと思います。

　ぼくはこの夏休みに，家族といっしょにロン
ドンへ行きました。これはぼくの初めての海外
旅行だったので，楽しみにしていました。ロン
ドンについて知りたかったので，それについて
インターネットで検索しました。ぼくは旅行の
前に，インターネットでたくさん有名なものを
見ることができました。

　ロンドンで，ぼくたちはいくつかの人気があ
る場所に行きました。例えば，バッキンガム宮
殿やタワーブリッジなどです。ぼくはそれらを
すでにインターネットで見ていましたが，直接
見るとより大きく，より美しく見えました。ぼ
くは感動しました！　辺りを歩いていると，い
ろいろな国から来ている人たちも見かけまし
た。それから，ぼくたちはその土地の料理を食
べにレストランに行きました。それらはぼくに
とってとても目新しいものでしたが，楽しみま
した。ぼくたちが夕食を終えて，夜9時ごろに
レストランを出たとき，ぼくは奇妙なことに気
づきました。外が暗くなかったのです！　とて

も驚きました。福島では，7月の9時は暗いのですが，ロンドンは違います！　これはぼくにとって最も興味深いことでした。新しいことを発見できたので，ぼくはこの旅をとても楽しみました。

　夏休みのあと，英語の授業でぼくのロンドン旅行についてクラスメートに話しました。彼らの多くがぼくの話を気に入ってくれ，ぼくはうれしかったです。放課後，クラスメートの1人がぼくのところに来て言いました。「あなたの話は本当に楽しかったわ。私はハリー・ポッターが大好きで，ロンドンにとても興味があるの。あなたの旅行についてもっと話してくれない？」　実は，彼女がぼくのところに話しに来たとき，驚きました。それ以前に，ぼくたちは話をしなかったですし，彼女は外国には興味がないのだとぼくは思っていました。しかし，そうではなかったのです。彼女はロンドンについてたくさんのことを知っていました。ぼくたちは，ぼくの旅行とハリー・ポッターについて話しました。ぼくたちが話しているとき，彼女はぼくに言いました。「海外旅行は勉強するのによい方法だけど，私は外国に行ったことがないの。あなたと話せてよかったわ」　その日，ぼくは彼女について新しいことを発見しました。

　テレビやインターネットで多くのことについての情報を得ることができ，周囲の人々について，彼らと話をしないうちに知っているように思うことがしばしばあります。しかし，ものごとを直接経験すると，新しいことを発見することができます。ぼくはこの考えを忘れず，将来多くのことを経験したいです。

 長文読解（本文の内容に合う文を完成させる）

【解答】
本冊
P. 69

(1)エ　　(2)ウ　　(3)ア

【解説】
(1) 「デービス先生は今日の授業で～について話しました」という文。カズオの最初の発言にMr. Davis, thank you very much for talking

about <u>your town</u> in Canada in today's class. とある。

(2) 「アヤコは人々に～してほしいと思っています」という文。カズオは3番目の発言で，登山客はごみを持ち帰らなければならないと主張し，看板を作ることを提案している。次にアヤコも「それはいい考えだ」と賛成しているので，**ウ**の「（人々が）家に帰るときにごみを持ち帰る」が適切。

(3) 「カズオとアヤコは～に看板を立てるつもりです」。カズオの4番目の発言第2文に「<u>駅内に立てるべきだ</u>」，アヤコの最後の発言第2文に「<u>山の駐車場にもう1つ立てるべきだ</u>」とある。

【全訳】　カズオとアヤコは，彼らの英語の先生であるデービス先生と，放課後に教室で話しています。

カズオ：デービス先生，今日の授業でカナダの先生の町について話してくださって，本当にありがとうございました。

デービス先生：どういたしまして。楽しかったかい？

カズオ：はい，楽しかったです。先生がぼくたちに見せてくれた写真が好きです。ぼくはぜひ先生の町に行って，美しい自然を楽しみたいです。

デービス先生：きみがカナダの私の町に来たらいいと思うよ。そこはとても美しいんだ。この町も美しいね。自分の町と同じくらい，この町が好きだよ。

アヤコ：本当ですか？　それを聞いてうれしいです。私は，自分の町の美しい自然をとても誇りに思います。その窓から向こうのあの山を見てください。あそこできれいな花を見ることができるんです。たくさんの人々がそれを見に訪れますよ。でも，問題があるんです。

デービス先生：ああ，何かな？

アヤコ：山にたくさんのごみがあるんです。

デービス先生：なるほど。山に自分たちのごみを置いていく人たちがいるんだね？

アヤコ：そうなんです。それでいつも私は悲し

くなります。

デービス先生：きみの気持ちはわかるよ。

アヤコ：私は，人々にそれがとてもいけないことだとわかってほしいんです。私たちは何ができるでしょう？

カズオ：彼らは家に帰るときに，自分たちのごみを持って帰らなきゃいけないよね。だから，そうするよう伝える看板を作ろうよ。

アヤコ：それはいい考えね。どこにそれを置くべきかしら？

カズオ：たくさんの人が電車でこの町に来るよね。だから，駅の中にそれを置くべきだと思うんだ。

アヤコ：賛成よ。それから，山の駐車場に別の看板も置くべきだと私は思う。山へ車で来る人たちもそれを見ることができるわ。その人たちは山にごみを置いていかないでしょう。

カズオ：そう願うよ。いい看板を作って，それらの場所に置こう。ぼくたちを手伝ってくださいますか，デービス先生？

 長文読解（テーマ・主題を選ぶ①）

解答

本冊 P. 71

❶ ウ　❷ エ

解説

❶ 第1段落最後の文の Hachi gives me many chances to talk with people. と，最後の段落の第1文 Thanks to Hachi, I can meet ～. 「ハチのおかげで，私は多くの人に会って彼らと話して楽しむことができる」より，**ウ**の「ハチはトシオに，人々と話して楽しむ機会をたくさん与えてくれます」が適切。

（要約）トシオはよく愛犬のハチとひまな時間に出かけるが，ハチはトシオに人々と話す機会をたくさん与えてくれる。そして，この前の日曜日は，ハチとの散歩中に公園で数人の人々と会話を楽しんだ。

❷ **ア**「ナオコの父親は山にいるときはたくさん話しました」は，英文の中の一部についてしか

触れていないので，テーマとして不適切。**イ**「ナオコは花が好きで，よく大好きな人に花をあげます」と**ウ**「ナオコの家族は花について勉強するためによく山に行きます」は本文と合わない。**エ**「花はナオコにとってずっと特別なもので，彼女はそれらについて勉強したいと思っています」が最初と最後の文と合い，ナオコが最も伝えたいこと。

（要約）ナオコは花について勉強したいと思っている。小さいときによく両親と山へ行った。ふだんは無口な父親が山では花のことをいろいろ話してくれた。花で気持ちを伝えることもできる。花は彼女にとって特別だ。

 長文読解（テーマ・主題を選ぶ②）

解答

本冊 P. 73

❶ ウ　❷ ア

解説

❶ 最後の2文参照。ケビンの詩を気に入ったクラスメートのエレンとケビンが詩について話すようになり，今では仲のよい友達だとあるので，**ウ**が適切。

（要約）ケビンの詩を読んだクラスの生徒の一人エレンがケビンに話しかけてくる。エレンは彼の詩が大好きで，自分も同じようにいつも感じており，彼の詩にそれが完ぺきに表現されているとほめる。2人は詩をとおして仲のよい友達になった。

❷ 第5文に What can we do to make the garbage smaller? 「私たちはゴミを減らすために何ができるでしょうか」とあり，続く文でゴミ削減の方法を提案しているので，**ア**が適切。

（要約）現在，日本人はゴミを一人当たり毎日1キログラム出している。ゴミの約50％は台所から出ている。ゴミを減らすためには食べ物を全部食べて，むだにすべきではない。

長文読解（下線部の内容を答える①）

解答

本冊
P.75

1 エ　**2** ウ　**3** ア

解説

1 下線部は「私は今，ずっと気分がよくなりました」という意味。直前の文で「あなたは私の気持ちを理解してくれるので，私はとてもうれしいです」と言っており，これが「ずっと気分がよくなった」理由とわかる。したがって，**エ**が適切。

（要約）ノジマ先生は患者の話をよく聞いてくれる医師だ。ある日先生は，長い間頭痛に悩まされている女性患者の長い話を最後まで聞いて，気持ちを察し苦労をねぎらった。患者はそれを聞いてずっと気分がよくなったと言った。

2 下線部は「いいこと」という意味。第2段落最後の2文参照。見知らぬ親切な男性が，祖父をトイレに連れて行って，車イスから祖父を降ろしたり乗せたりしてくれたことが「いいこと」の具体例で，**ウ**が適切。**ア**と**イ**のような記述はない。**エ**は「車イスを修理した」という記述はないので不適切。

（要約）祖父は75歳で歩くことができず，車イスが必要だ。ある日，祖父母が旅行先のホテルで困っていたときに，見知らぬ男性が助けてくれて，祖父をトイレに連れて行ってくれた。その男性は義足をつけていた。

3 下線部は「私はその人に私の気持ちを伝えたいです」という意味。下線部の2つ前の文でジャスミンは，そのマフラーはとても特別なもので，（それが見つかって）本当にうれしいと述べているので，ジャスミンはマフラーを拾ってくれた人にお礼が言いたいのだとわかる。「私はその人に『<u>ありがとう</u>』と言いたいです」とする。

【全訳】ロンドン出身の生徒ジャスミンと，ミズキ，ケイスケが教室で話しています。彼らの担任のハラ先生が，ちょうどやって来ます。

ハラ先生：おはようございます，みなさん。ジャスミン，今日はとてもうれしそうですね。何かいいニュースがあるのですか？

ジャスミン：はい。私のマフラーを見つけたんです！

ケイスケ：へえ，そうなの？　昨日なくしたんだよね？　どこにあったの？

ジャスミン：駅の近くのポストの上よ。だれかがそれを拾って，私のためにそこに置いてくれたんだと思うわ。きちんとたたまれていたの。そのマフラーは私にとってとても特別だから，とてもうれしいんです。母が作って，私がロンドンを発つときに私にくれたんです。その人に私の気持ちを伝えたいです。

ハラ先生：それはいいニュースですね。マフラーをそこに置いた人は，あなたがそこでそれを見ることを願っていたんですね。

ミズキ：あなたはついているわ，ジャスミン。私は町を歩いていると，ポストの上や木の枝に置かれている赤ちゃんの靴や手袋を見かけることがあるわ。そういった行動はささいなものだと思う。でも，何か温かく優しいものを感じるわ。

ケイスケ：ぼくもだよ。そういった行動は，その人が優しい心を持っていることを示しているね。

ジャスミン：その通りね。私たちの行為は私たちの気持ちを表すことがあるわ。

ケイスケ：ぼくにも経験があるよ。この前の日曜日，電車でお年寄りの女性に席をゆずったんだけど，ぼくはとても恥ずかしくてしゃべれなかったんだ。ぼくは立ち上がって，彼女に席をゆずった。彼女はほほ笑んで「ありがとう」とぼくに言った。そのとき，とてもうれしかった。ぼくは「どういたしまして」と言ったよ。きみに賛成だ，ジャスミン。

ミズキ：私は，小さな行動は，ときによいコミュニケーションの始まりになるとも思います。

ハラ先生：それは重要な点ですね。言葉はコミュニケーションでとても大切ですが，小さな行動が私たちの気持ちを示し，私たちを幸せにすることもあり得ますね。

ケイスケ：ぼくたちはだれかに助けてもらった
とき幸せを感じるし，そしてだれかを助けた
ときも幸せを感じるね。

ミズキ：ええ，私たちが地域社会でお互いに助
け合うとき，親切な行動の輪はより大きくな
るのよ。

ケイスケ：ぼくもそう思うよ。

ハラ先生：それが私たちの地域社会をよりよく
するんですね。

長文読解（下線部の内容を答える②）

解答

本冊 P.79

1 イ　**2** イ

3 (1)（例）彼〔ただし〕が正しいことをする
（よう願いを込めて名付けた）。

(2)（例）（知子たちに）おむつを替えても
らいたいとき（に泣く）。

(3)（例）彼〔ただし〕にほほ笑みかけたり
話しかけたりするだけ。

解説

1 与えられている文は「孝夫は ____ ということ
を知ってうれしいからです」という意味。下線
部は「それはすばらしい」という意味。直前の
発言でラビは，北海道での生活を楽しんでいる
ことを話しているので，空らんにはイの「ラビ
が北海道での生活を楽しんでいる」が適切。

（要約）孝夫は北海道の大学に留学中のインド人学
生ラビに北海道の暮らしについてインタビュー
する。ラビは人々が親切なこと，インドではし
たことのないカヌーやスキーを楽しんでいるこ
と，インドの食糧事情のことを考えて農業を専
攻していることなどを答える。

2 下線部は「みなさんはどうですか」という意味。
直前の文に「これが私の夏休みの大好きな思い
出です」とあるので，「みなさんはどうですか」
とは，イの「みなさんの夏休みの大好きな思い
出は何ですか」の意味だとわかる。

（要約）和夫は自分で描いたトビウオの絵をクラス

のみんなに見せて，夏休みに家族とトビウオを
捕りに行った思い出を話す。和夫たちは地元の
漁師に最高の漁場に連れて行ってもらい，1時
間半トビウオ捕りを楽しんだ。

3 (1)下線部は「ただしは英語で『正しい』という
意味です」という意味。直後の文に両親の
願いが説明されている。

(2)下線部のあとのwhen ～参照。

(3)下線部は「彼が泣くとあなたは何をするか」
の意味。下線部の次の知子の発言第2文
I can only smile at him and speak to
him参照。

【全訳】

知子：こんにちは，グリーン先生。

グリーン先生：こんにちは，知子。あら，あな
たはおむつを持っているわね！　なぜそれが
必要なの？

知子：先月，姉に赤ちゃんが生まれたんです。

グリーン先生：まあ，それはすてきね。赤ちゃ
んは男の子，女の子？

知子：男の子で，名前はただしです。

グリーン先生：「ただし」という名前はどうい
う意味があるの？

知子：ただしは，英語で「正しい」という意味
です。彼の両親は，彼が正しい行いをするこ
とを願っているんです。

グリーン先生：それはいい名前ね。あなたのご
両親も喜んでいる？

知了：もちろん，初孫の誕生をとても喜んでい
ます。

グリーン先生：なるほど。彼はどんなふう？
かわいいかしら？

知子：はい，とてもかわいくて，小さいです。
ただしはミルクを飲み終わるといつも眠って
います。でも，おむつを取り替えてほしいと
き，泣くことがあります。彼は泣くことで，
私たちに気持ちを伝えられるんだと思いま
す。

グリーン先生：彼が泣いたら，あなたはどうす
るの？　おむつを替えたことはある？

知子：いいえ，姉は私が若すぎるからできない

と言うんです。だから，彼が泣いたときは，ただ彼に笑いかけたり，話しかけたりすることしかできません。

グリーン先生：それでは，彼はあなたが話しかけたとき，何かするかしら？

知子：はい，彼はいつも私にすてきな笑顔を返してくれて，何かを言おうとします。彼が何を言いたいのかわかったら，とても幸せだと思います。

グリーン先生：あなたはすでに，言葉を使わずに彼と気持ちを伝えあっていると思うわ。だれかと気持ちを伝えあうとき，言葉よりも笑顔のほうが大切なことがあるのよ。

知子：そうですか？　では，私はもっと彼にほほ笑みかけて，彼といい友達になりますね。ただしには，すてきな人生を送ってほしいです。

 長文読解（指示語の内容を答える①）

解答

1 イ　**2** ウ

解説

1 oneは前に出た名詞と同種のものを指す。「それらの仕事の中に，私はおもしろいものを見つけました」の「もの」oneはjob「仕事」を表す。

（要約）ジェリーの夢は動物園で働くことだ。動物園のいろいろな仕事の中でおもしろいものを見つけた。

2「私はそれを聞いてうれしいです」の「それ」thatは，直前のサラの発言のI sometimes watch it and I feel happy.を指す。itは「友達からもらったビデオ」を指すので，**ウ**の「サラは友達からもらったビデオを見るとうれしいです」が適切。

（要約）ブラウン先生の送別会について話す亜矢子とサラ。手作りのビデオをプレゼントする予定だという亜矢子に，サラは友達が作ってくれたビデオのことを話した。

 長文読解（指示語の内容を答える②）

解答

1（例）父親がフランスで働くことになり，家族もそこで暮らすことになったこと。

2 エ

解説

1「私たちはこのニュースに喜びました」の「このニュース」は，直前の文 My father was going to work in France and we were going to live there. を指す。

【全訳】私の名前はサトウと言います。北海道に住んでいます。野生動物の医師をしています。みなさんは野生動物を見たことがありますか？テレビか，動物園で見たことがあるのではないでしょうか。野生動物は，自然の中で暮らすべきです。ですから，自然は私たちが守らなければならない大切なものなのです。私はこのことを，とても若いころに学びました。

　私が小さな少年だったころ，私の家族はよく山へ行きました。私たちはすばらしいときを過ごし，私は多くのことを学びました。私が6歳のころ，私の家族は大きな知らせを受けました。私の父が仕事でフランスへ行くことになり，私たちはそこで暮らすことになったのです。私たちはみんな，このニュースに喜びました。私たちは約8年間フランスに住み，そこでの暮らしを大いに楽しみました。私たちはフランスの自然を本当に楽しんだのです。

2「私たちはそれをすべきだと思いました」の「それ」は，直前の先生の発言のYou can tell your idea to our mayor. を指す。your ideaは，その前にあるクミの発言のOur vegetables can be used to make lunch for children. を指すので，**エ**「自分たちの野菜を給食に使うよう市長に頼むこと」が適切。

（要約）高校で野菜を育てているゆりえは，自分たちの野菜を給食に使ってもらうことを市長に提案し，いくつかの小学校の給食でゆりえたちの野菜が使われることになった。

長文読解（指示語の内容を 答える③）

本冊 P. 87

解答

the kiwi house

解説

「キーウィはとても敏感なので，私たちはここで写真を撮ることができない」の「ここで」は，直前の文 they went to the kiwi house の the kiwi house を指す。

【全訳】マキは高校生です。彼女はこの前の3月にニュージーランドへ行き，ジャクソン家に滞在しました。その家族には，ジャクソン夫妻と，彼らの子どものエミリーがいました。彼女はマキと同い年でした。

ある夜，マキはジャクソン家の人々に何枚かの色紙を見せ，尋ねました。「折り紙を知っていますか？」 エミリーは答えました。「ええ，でもやってみたことはないわ」 マキは，「見て。これは折りヅルよ。ツルは日本で有名な鳥なの」と言いました。エミリーは「わあ，きれいね。やってみたいわ」と言いました。彼女は折りヅルを折り始め，マキは彼女を手伝いました。しかし，エミリーはうまくできませんでした。彼女は「とても難しいわ」と言いました。マキは「大丈夫よ。できるわ」と言いました。約10分後，エミリーは自分の折りヅルを折り終えました。彼女は言いました。「お父さん，これを見て！」 ジャクソンさんは言いました。「少し違っているように見えるけど，とくもいいね」

それから，ジャクソン夫人がマキに尋ねました。「私たちの国鳥のキーウィを知っている？」 マキは「いいえ。それはどんな形をしているんですか？」と言いました。ジャクソン夫人はこう答えました。「長いくちばしを持っているけれど，翼はとても小さいの。だから飛べないのよ。この写真を見てごらん」 ジャクソン夫人はそれをマキに見せました。マキは「まあ，とてもかわいい。これを見てみたいです」と言いました。ジャクソンさんは「よし。この日曜日にバードパークへ行こう！」と言いました。マ

キにとって，キーウィを見ることはわくわくすることでした。

日曜の午後，彼らはジャクソンさんの車でバードパークへ行きました。パークには，たくさんの種類の鳥と，そのほかの動物がいました。そこにはおりがなく，塀がとても低いので，マキは驚きました。マキはたくさんそれらの写真を撮りました。そして彼らはキーウィ小屋へ行きました。ジャクソンさんが言いました。「マキ，キーウィはとても敏感だから，ここで写真を撮ってはいけないよ。キーウィは夜行性だから，ふつう夜にしか見られないんだ。今キーウィは暗い部屋にいるよ。見に行くかい？」マキは「はい，わかりました」と言いました。そして彼らは小屋に入っていきました。マキは言いました。「わあ，何も見えない。キーウィはいるの？」 エミリーは答えました。「待って，もうすぐ見えるわよ」 マキは「わかった。ああ，何羽かキーウィを見つけたわ。わあ，本当にくちばしが長いのね！ そして，私が思っていたよりも大きいわ」と言いました。マキはパークでとてもよい時間を過ごしました。

パークでの夕食のあと，すでに暗くなっていました。彼らはマキを公園の近くの山へ連れていきました。エミリーは言いました。「あなたにあるものを見せたいの。ここに来て」 マキは驚いて言いました。「わあ，町の美しい夜景が見えるわ。それに，空を見て！ 星がたくさんあるわ。本当にありがとうございます。今日はすばらしい時間を過ごしました」

長文読解（内容について日本語 で答える①）

本冊 P. 89

解答

❶イ ❷ウ

解説

❶ 第3段落第1文より，本文の内容に合うものはイ。

【全訳】こんにちは！ 元気ですか？

先週，何枚かの写真を見ていたの。私の父

が，昔からの友だちに会いに大阪に行ったとき
にそれらを撮ったの。その中の1枚で，父は大
きな城の前に立っていたわ。別の写真では，父
は日本食を食べていた。私は父のそこでの旅に
とても興味があったから，それについて父に聞
いてみたの。

父は2年前の8月に，5日間大阪に滞在した
んだって。父はそれが初めての日本だったの。
写真の中の城は大阪城よ。父は友だちとそこに
行って，その城を見てとても喜んだの。父の友
だちは父に城のあたりを案内して，美しい神社
に連れていったの。そして，大阪の有名なレス
トランでたこ焼きとお好み焼きを食べたのよ。
父と私が写真を見ているとき，父は「次はきみ
を大阪へ連れていくよ」と言ったの。

私は世界中のたくさんの国へ行きたいわ。日
本もその1つよ。あなたは海外の都市や国に興
味はある？ 将来どこに行きたい？

2 第1文 の I'm sorry, I can't meet you at
three this afternoon と 第3文 Can you
meet me at seven this evening?から，**ウ**
が適切。

【全訳】やあ，ユウジ。

ごめん，まだ宿題が終わっていなくて，今日
の午後3時には会えないんだ。今から図書館に
行って，何冊か本を借りなくちゃいけない。

今夜7時に会える？ それまでに終わらせる
よ。あとで電話するね。

ありがとう。

ジョン

長文読解（内容について日本語で答える②）

本冊 P.91

【解答】
1 （例）・車いすに乗った人がバスに乗りたい
ときに，運転手が手伝ってくれる。
（例）・バスには，車いすに乗った人のため
のスペースがある。
2 （例）英語を学んだり使ったりするときに
は，辞書を活用するとよい。（29字）

【解説】
1 伸二の3つ目の発言を参照。「車いすの人がバ
スに乗るときには運転手が手伝ってくれ，バス
の中に車いすの人のためのスペースがある」と
ある。

（要約）伸二はアメリカのバスに乗ることは興味深
かったと言う。市内なら1ドルで乗れることと，
車いすの人の利用にも配慮があるからだ。

2 英文のキーワードはdictionaryで，辞書をど
う活用するかについて述べている。第1段落の
One of the best ways is to look up the
word in a dictionary.と，第3段落のOnce
you learn how to use a dictionary, it will
be easier for you to learn and use
English.の内容をまとめるとよい。

（要約）知らない英単語に出くわしたら，辞書をひ
くのが最もよい方法である。辞書には，単語の
意味や発音，使い方や例文も載っている。辞書
は英語学習の手助けになる。

長文読解（文の並べ替え）

本冊 P.93

【解答】
エ

【解説】
「ぼくはきみのお父さんのことをジュンコから
聞いた」に続く文を並べ替える。③にあるhim
は直前の文のyour fatherを受けるので，まず
③の「きみは病院で彼の世話をしなければなら
なかったんだね」がくる。次に②の「だからき
みは公園に来ることができなかったんだ」がく
る。このあとは④の「きみはお父さんのことを
ぼくに話そうとした」，①の「でもぼくは怒っ
て，きみの言うことを聞かなかった」と続く。

【全訳】ケンジとアキラは同じ中学校に通ってい
ました。彼らは親友でした。ある日，アキラは
ケンジに言いました。「次の日曜に釣りに行こ
うよ」「それは楽しそうだね。でも，ぼくは以

前に釣りに行ったことがないよ」とケンジは言いました。「大丈夫だよ。ぼくが釣り方を教えるよ。釣りは本当に楽しいよ」と，アキラは言いました。彼らは次の日曜の2時に公園で待ち合わせることに決めました。

その日曜日が来ました。ケンジは公園でアキラを待っていました。2時でしたが，アキラは来ませんでした。ケンジはずっと待って，3時になりました。アキラはまだ来ませんでした。ケンジは怒って公園を去っていきました。

その夜，アキラからケンジに電話がありました。しかしケンジは電話に出ませんでした。ケンジの母親は，「ケンジ，アキラと話さなかったのね。何かあったの？」と言いました。「公園で彼を1時間以上待ったんだけど，来なかったんだ。それでケンジの家に行ったんだけど，家にだれもいなかった。今日は来られないかもしれないって，どうして今朝ぼくに電話してこなかったのかわからないよ」とケンジは言いました。「どうしてあなたが怒っているのか，今わかったわ。でもアキラはあなたの親友よ。明日学校で彼と話すべきだわ」と，母親は言いました。

次の日の学校で，アキラはケンジのところに来て言いました。「ごめん，ケンジ，でも昨日，ぼく…」 ケンジは友達の言うことを聞くべきだとわかっていましたが，まだ怒っていました。「きみとは話したくないよ。きみを待っていたのに，来なかったじゃないか」と言い，去っていきました。そのあと，彼らはお互いに□をききませんでした。

2日後，ケンジは友達のジュンコと放課後に話していました。彼女は「アキラは落ち込んでいるようね。まだお父さんのことを心配しているのね」と言いました。「何のこと？」と，ケンジは言いました。「この前の日曜，彼のお父さんが病院へ運ばれたのよ。私のお母さんからそのことを聞いたわ。あなたは知っていると思ってた」と，彼女は言いました。ケンジはその知らせを聞いて驚きました。ジュンコは言いました。「アキラのお父さんは，まだ病気で寝ていると聞いたわ」 ケンジは思いました。「たぶんアキラはぼくにそれを伝えたかったけど，

ぼくが行ってしまったから言えなかったんだ」

ジュンコと話したあと，ケンジはアキラの家に行きました。彼はアキラに言いました。「お父さんのことをジュンコから聞いたよ。③きみは病院でお父さんの世話をしなければならなかったんだね。②だからきみは公園に来ることができなかったんだ。④きみはお父さんのことをぼくに話そうとした。①でもぼくは怒って，きみの言うことをきかなかった。本当にごめんなさい」 アキラは，「この前の日曜は，行かなくてごめん。ええと，お父さんは明日病院から帰ってくるんだ。彼はよくなってきているよ。きみは次の日曜日，ぼくと釣りに行けるかい？」と言いました。ケンジはほほ笑んで言いました。「ああ，もちろん。お父さんのために大きな魚を釣ろう」

 長文読解（適切な語句を選ぶ）

解答　本冊 P.95

解答
❶ A ウ　　B エ　　❷ イ

解説

❶ A キャッチボールをしていて，捕りそこなったボールをさがしに行った，Jim の発言。直後に Jim looked happy. とあるので，**ウ**を選び，「見て！ ぼくは恐竜の卵を見つけた！」とする。　B 直前でホワイト先生のところに持っていく，と言っているので，**エ**の「運ぶ」が適切。「そんなに大きい石をかばんに入れて運ぶとさは，気をつけるべきです」という文。

（要約）ジムのクラスは遠足に出かけた。午後，彼はビルとキャッチボールをしていてボールを捕りそこね，さがしに行った。そのとき恐竜の卵を見つけたと言ってビルを呼ぶが，ビルはそれは石だと言う。ジムは理科のホワイト先生にそれを見せるつもりだ。

❷ 「私は姉の（　　）なしで答えることができました！」という文。**イ**の「助け」が適切。

（要約）去年，私の市でバレーボールワールドカッ

プ大会が開催された。私の姉は英語を話すガイ
ドとして駅で働いた。ある日，駅に行くと姉は
忙しそうだった。そのとき私は外国人に話しか
けられ，英語で答えられた。いい経験だった。